EL NIÑO Y SU MUNDO

EL NIÑO Y SU MUNDO

Cómo hablar con tu bebé

Dorothy P. Dougherty

ONIRO

Título original: *How to Talk to Your Baby*
Publicado en inglés por Avery, a member of Penguin Publishing
Group

Traducción de Elena Barrutia

Diseño de cubierta: Valerio Viano

Fotografía de cubierta: Gertie Burbeck

Ilustraciones: John Wincek

Distribución exclusiva:
Ediciones Paidós Ibérica, S.A.
Mariano Cubí 92 – 08021 Barcelona – España
Editorial Paidós, S.A.I.C.F.
Defensa 599 – 1065 Buenos Aires – Argentina
Editorial Paidós Mexicana, S.A.
Rubén Darío 118, col. Moderna – 03510 México D.F. – México

© 2001 exclusivo de todas las ediciones en lengua española:
    Ediciones Oniro, S.A.
    Muntaner 261, 3.º 2.ª – 08021 Barcelona – España
    (oniro@edicionesoniro.com – www.edicionesoniro.com)

ISBN: 84-95456-62-1
Depósito legal: B-19.069-2001

Impreso en Hurope, S.L.
Lima, 3 bis – 08030 Barcelona

Impreso en España – *Printed in Spain*

*A mi padre, que con sus palabras y acciones
siempre me animó a reírme, a disfrutar
de la vida y a esforzarme para alcanzar el éxito.*

Índice

Agradecimientos

Gracias a Kevin, mi marido y mejor amigo, por su apoyo, paciencia y amor a lo largo de este proyecto y de mi vida. También quiero expresar mi agradecimiento a mis hijos, Nick y Tom, que me han enseñado lo maravilloso que es ser madre; a mis padres, que siempre me han animado a alcanzar las estrellas y a seguir intentándolo; a mis hermanas, Marie Burton y Elaine Flatch; a mi hermano y a mi cuñada, Nick y Barbara Paglione; a mi suegro, John Dougherty, que me ha apoyado en todo momento; y a Marie, una madre extraordinaria que siempre está dispuesta a escuchar y a compartir sus ideas.

Mi más sincero agradecimiento a mis amigas de «travesía» M. J. Perskie y Wendy Davy, por su infinita capacidad para escuchar y decir lo correcto esas mañanas frías de invierno; y a mis amigas y colegas Pat Maletto y Carol Camburn, por compartir conmigo su experiencia, amabilidad y sentido del humor.

Por último, debo dar las gracias a los miles de padres e hijos con los que he trabajado durante estos años por permitirme compartir con ellos mi «don especial».

Prólogo

¡Felicidades! El hecho de que estés leyendo este libro indica que tienes la intención de hacer todo lo posible para que tu hijo tenga un buen inicio en la vida. Ha llegado el momento de que sientes las bases para las futuras generaciones de tu familia, lo cual no resulta fácil en una época en la que los padres atareados buscan la manera de estimular a sus hijos y reforzar los vínculos familiares sin dejar de cumplir el resto de las obligaciones de su vida cotidiana.

También ha llegado la hora de que los padres conozcan las técnicas de estimulación del lenguaje que hasta ahora sólo manejaban los profesionales. En el capítulo 1 se revisan una serie de estudios recientes que demuestran la importancia de la estimulación precoz del lenguaje, y en el siguiente se describen las pautas que configuran un desarrollo normal. Esto debería ayudar a los padres a relajarse y animarlos a comunicarse a diario con sus hijos. Cuando los padres y los hijos se prestan atención se refuerzan los vínculos personales.

Las cinco técnicas de estimulación del lenguaje que se describen en los capítulos 3 al 9 son en realidad métodos de acercamiento. Hasta los tres años los niños aprenden a través del juego, y estas técnicas ofrecen pautas para relacionarse de forma activa y aprovechar las oportunidades de aprendizaje. Para aplicar estos métodos debe haber un contexto emocional. A los niños, como a los padres, les gusta la interacción. Además de estimular el lenguaje, estas técnicas ayudan a afianzar los lazos familiares que los seres humanos necesitamos para vivir.

Este libro se debe utilizar como obra de consulta, pero te sugiero que lo leas una vez para obtener la información necesaria para iniciar o continuar el proceso de estimulación de tu hijo. Te sorprenderá el modo creativo con que se aplican estas técnicas. Después puedes hacer consultas periódicas para profundizar en puntos concretos, y si tienes amigos con hijos pequeños podéis compartir vuestras ideas.

Por último, debo añadir que la autora, Dorothy Dougherty, tiene un don especial para tratar a la gente con problemas de habla. La he visto ayudar a adultos que han sufrido lesiones cerebrales y a miles de niños con trastornos relacionados con el lenguaje. Nuestros hijos son dos estudiantes extraordinarios, y en mi opinión gran parte del éxito se debe a la estimulación que ella les ha proporcionado. Con este libro pretende hacer realidad su sueño: dar a los padres y a los hijos el don del lenguaje.

KEVIN R. DOUGHERTY

Introducción

Mucho antes de especializarme en logopedia en el College of New Jersey en 1980 sabía que quería dedicarme a ayudar a la gente a hablar. Mi hermano pequeño tenía problemas de pronunciación, y de niña solía traducir sus palabras. En la actualidad, como cofundadora de Atlantic Behavioral Care junto con mi marido, Kevin R. Dougherty, doctor en psicología, puedo ayudar a los padres que necesitan orientación para tratar los trastornos que tienen sus hijos y ofrecer a los niños la terapia adecuada.

Cuando mis hijos eran pequeños estaba muy ocupada y no podía pasar mucho tiempo con ellos. Muchas veces los recogía en la guardería y de allí iba al supermercado, así que busqué nuevas maneras de ayudarles a desarrollar su capacidad de expresión mientras realizaba mis tareas cotidianas. Los resultados académicos que siguen obteniendo demuestran la importancia que tiene una buena base lingüística.

Una serie de estudios recientes indica que durante los tres primeros años de vida los padres pueden «moldear» el cerebro de sus hijos y establecer las bases para su futuro aprendizaje, porque el cerebro humano no está completamente desarrollado al nacer. Cuando un bebé asimila nuevas imágenes, texturas, aromas y sonidos, las conexiones cerebrales que hacen posible el aprendizaje se refuerzan y multiplican. Si un niño no utiliza determinadas conexiones cerebrales, o no las usa lo suficiente, esas conexiones se pierden para siempre, y muchas de ellas están relacionadas con el lenguaje. Los investigadores han comprobado que el desarrollo del lenguaje es esencial para que los niños sean capaces de pensar y aprender, y tiene una gran influencia en su experiencia educativa. Si un niño es incapaz de comprender a otras personas o de expresar sus sentimientos, puede tener dificultades para relacionarse con los demás y para desarrollar su autoestima, con lo cual puede acabar aislado de sus compañeros.

¿Te gustaría proporcionar a tu hijo un entorno estimulante para que aprenda y utilice el lenguaje lo mejor posible? No basta con que le rodees de conversaciones. Lo que debes hacer es relacionarte con él en el contexto de la vida diaria y animarle a que se comunique contigo. En este libro aprenderás a poner en práctica tus ideas para desarrollar la capacidad de expresión y aprendizaje de tu hijo con un sistema que incluye cinco métodos: denominación, descripción, comparación, explicación e instrucciones. Después de utilizar estos métodos durante un tiempo, muchos padres han comentado que han logrado convertir las actividades cotidianas en momentos especiales de aprendizaje, relación e intimidad con sus bebés.

Este libro no trata de la ayuda que pueden ofrecer los profesionales a los niños, sino de lo que pueden hacer los padres para estimular la capacidad de expresión de sus hijos. Está escrito con un estilo introductorio y sencillo, pero al mismo tiempo presenta una visión muy completa del tema con información de carácter práctico.

Debo recalcar que el objetivo de este manual no es «acelerar» el proceso natural de desarrollo. Como todos sabemos, cada niño tiene un ritmo diferente. No olvides nunca que tu hijo es único y especial. Los expertos indican que el periodo en el que los niños pronuncian su primera palabra es muy variable, así como la cantidad de palabras que dicen con dos años. Pero si tu bebé recibe muchos estímulos los tres primeros años, es probable que diga antes más palabras, tenga un vocabulario más extenso e incluso obtenga mejores resultados en los tests de inteligencia que realice más adelante.

A lo largo de los años he comprobado que los padres no disponen de la información necesaria para determinar si sus hijos tienen problemas para desarrollar su capacidad de expresión. Y en algunos casos esta falta de información crea muchas tensiones en el entorno familiar. En consecuencia, otro de los objetivos de este manual es ofrecer a los padres y cuidadores las pautas básicas sobre las fases de desarrollo del lenguaje. Sin embargo, este libro no pretende sustituir los consejos profesionales de un pediatra o un logopeda. Si tienes alguna duda respecto a la capacidad de expresión de tu hijo no dudes en consultar a tu pediatra o a un especialista en el tema.

¿Puedes sacar el máximo partido de la capacidad de aprendizaje de tu hijo? Un gran número de estudios y mi propia experiencia con padres y niños demuestran que es posible. Si creas un entorno de aprendizaje divertido, amoroso y estimulante puedes proporcionar a tu hijo muchos recursos de los que se beneficiará el resto de su vida.

Este libro es para ti, porque tú eres el primer maestro de tu hijo, el más importante, y tienes la responsabilidad de enseñarle a comunicarse con el mundo.

℘ Capítulo 1 ℘

Lengua y comunicación

¿Cuántas veces has utilizado hoy palabras para conseguir lo que quieres o necesitas, comunicar información, expresar tus sentimientos o influir en alguien? Esas palabras forman parte de la lengua que se habla a tu alrededor.

La lengua es un conjunto de símbolos que la gente utiliza para enviar y recibir mensajes. Estos símbolos pueden ser palabras, expresiones faciales o manuales e incluso señales de humo. El hecho de hablar, leer, escribir, gesticular, escuchar y comprender son actos lingüísticos. Todas las lenguas del mundo están organizadas por normas que regulan el uso de sus símbolos. Si conoces las normas que determinan cómo se estructuran las palabras o los símbolos de una lengua, puedes comunicarte en esa lengua utilizando frases que nunca has oído y entendiendo palabras que nunca has pronunciado.

Los niños comienzan a comunicarse desde que nacen cuando lloran de dolor o sonríen para hablar con sus padres. Y al responderles les demostramos que comprendemos sus mensajes. Naturalmente, cuando tu hijo comience a usar palabras sus mensajes serán más claros y personales, y podrá decirte que se ha hecho daño o que te quiere.

Comunicarse con los demás significa recibir y comprender mensajes, así como formular y enviar respuestas. Cuando enviamos un mensaje verbal a otra persona utilizamos un lenguaje expresivo que está compuesto por palabras o sonidos. Y cuando comprendemos lo que leemos, oímos o vemos usamos un lenguaje receptivo.

LENGUAJE RECEPTIVO

Para entender lo que leemos, oímos o vemos debemos asignar un significado a esas palabras o imágenes; es decir, debemos relacionar lo que nos dicen con la gente, los objetos y las acciones de nuestro entorno. La comprensión de nuevas palabras se basa en las que ya sabemos. Cuando la gente nos habla utilizamos nuestra capacidad receptiva para entender sus mensajes, que además de identificar las palabras nos permite diferenciar los sonidos, recordar lo que se ha dicho e interpretar los gestos y el tono de voz. Todo el mundo ha participado alguna vez en una conversación sin tener ni idea de lo que está diciendo la otra persona. Unas veces pedimos a nuestro interlocutor que repita la frase, y otras nos limitamos a decir: «No sé de qué estás hablando». No resulta fácil mantener un diálogo cuando somos incapaces de comprender el mensaje.

Antes de comunicarse con palabras los niños deben entender lo que dicen los demás y asignar significados a los objetos y acciones. Los expertos afirman que los niños desarrollan su capacidad receptiva —es decir, comienzan a comprender lo que les dicen— entre los seis y los nueve meses. Si hablas mucho a tu hijo puedes aumentar en gran medida su capacidad para entender palabras nuevas, porque los niños desarrollan su lenguaje receptivo escuchando a otras personas. Las palabras no se aprenden de forma aislada, sino en el marco de un contexto.

EJERCICIO VERBAL

Ejemplo de un niño que utiliza su capacidad receptiva:

Adulto: «¿Dónde está el cuento?».

Niño: Señala el cuento.

Adulto: «Sí, ése es el cuento del conejito».

LENGUAJE EXPRESIVO

Gracias al lenguaje expresivo manifestamos ideas y sentimientos, respondemos a preguntas y relacionamos sucesos. Esta capacidad nos permite elegir las palabras adecuadas para transmitir el mensaje que queremos enviar, así como el tono de voz, los gestos y la velocidad a la que hablamos. Los niños se dan cuenta enseguida de que la comunicación es un arma muy poderosa con la que pueden conseguir lo que quieren, y antes de hablar emiten sonidos, lloran y hacen gestos para comunicarse. Según los expertos, los niños comienzan a usar palabras hacia los catorce meses, aunque el margen puede variar desde los nueve hasta los veinticuatro.

 EJERCICIO VERBAL

Ejemplo de un niño que utiliza su capacidad expresiva:

Adulto: «Por favor, dame el cuento».

Niño: Coge el cuento. «Mi cuento.»

Adulto: «Muy bien. Éste es tu cuento de animales».

HABLA

El habla es el conjunto de sonidos que emitimos para comunicar un mensaje verbal. En primer lugar, el aire pasa de los pulmones a la laringe, y luego se convierte en sonidos al mover la lengua, los labios, los dientes y el paladar. Cuando son pequeños los niños aprenden a controlar la boca y la respiración tosiendo, eructando, llorando y balbuceando. Y a medida que crecen aprenden a mover la boca, los labios, la lengua y el paladar para emitir sonidos que forman sílabas y palabras.

Los niños aprenden a pronunciar sonidos gradualmente, desde que nacen hasta los seis o siete años. En términos gene-

---

¿Qué es un trastorno del lenguaje?

Es un problema evidente para comprender y/o expresar pensamientos e ideas. Algunos trastornos de este tipo se deben a causas físicas, por ejemplo un problema de audición o una parálisis cerebral. Sin embargo, en muchos casos hay trastornos del lenguaje cuyo origen se desconoce. Después de realizar un examen completo, un logopeda puede determinar si un niño tiene problemas de habla si su capacidad de expresión y comprensión es muy limitada para su edad.

Un niño con un trastorno del lenguaje:

❏ Puede tener dificultades para entender el significado de las palabras. Por ejemplo, es incapaz de comprender que el objeto grande y redondo con el que juega en la playa es un balón, al igual que el que lanza a su padre en el jardín.

❏ No suele responder a las preguntas. Deja que los adultos hablen la mayor parte del tiempo, y cuando contesta no suele dar información adicional. Normalmente utiliza frases cortas.

❏ Puede tener problemas para comprender y utilizar palabras que designan conceptos de posición (arriba, abajo), tiempo (ahora,

rales son capaces de articular los siguientes sonidos en las edades que se indican:

- ❏ De tres a cuatro años: b, d, g, h, k, m, n, p, t, w y las vocales (a, e, i, o, u).
- ❏ De cinco a seis años: l, ch y sílabas trabadas con l (por ejemplo bl, cl y gl).
- ❏ Siete años: r, s, z y sílabas trabadas con r (por ejemplo br, cr y gr).

Sin embargo, conviene recordar que algunos niños necesitan mucha práctica para pronunciar correctamente todos los sonidos de su lengua.

antes, después), calidad (grande, viejo, frío) y cantidad (uno, varios, alguno).

- ❏ Puede tener dificultades para entender las preguntas y seguir las instrucciones y las conversaciones de los demás, porque sólo comprende parte del mensaje o es incapaz de identificar las palabras clave. Por ejemplo, si le preguntan dónde vive es posible que responda: «Tengo un perro».

- ❏ Puede no ser capaz de usar las palabras apropiadas para expresar lo que quiere decir. Puede confundir palabras con significados afines («vaso» por «taza»); sustituir palabras con sonidos similares («agüelo» por «abuelo»); hablar con rodeos («el sitio para comer» por «mesa»); decir con frecuencia «cosa» en lugar del término adecuado; o hacer largas pausas entre palabras y frases.

- ❏ Puede tener problemas para aprender las normas gramaticales. Puede eliminar artículos o utilizar de modo incorrecto los pronombres. Por ejemplo, puede decir «Yo gusta el chocolate» en lugar de «Me gusta el chocolate».

Los niños con un trastorno del lenguaje pueden presentar alguna o varias de estas dificultades.

Lengua y aprendizaje

Todos los seres humanos, a cualquier edad, queremos sentirnos seguros, satisfacer nuestras necesidades y relacionarnos con los demás. Y todo esto es posible gracias a la lengua. Lo que decimos y cómo lo decimos determina en gran medida lo que somos. Nuestra capacidad de expresión y comprensión influye en el grado de éxito y felicidad que obtenemos a lo largo de nuestra vida.

Los expertos han demostrado que la capacidad verbal es fundamental para pensar y aprender, y tiene una gran influencia en la experiencia educativa de los niños, porque esta capacidad es necesaria para aprender otras capacidades esenciales para tener éxito en los estudios. Cuando un niño comienza a ir a la escuela debe ser capaz de comprender a los demás y expresarse verbalmente para aprender a leer y escribir. Según los especialistas, esto se debe a que el aprendizaje de la lectura y la escritura se basa en la lengua oral. Los niños aprenden a organizar sus ideas hablando de sí mismos y de sus experiencias. Los niños que saben hablar y escuchar suelen ser buenos lectores. Y los que tienen problemas para aprender a hablar también suelen tener dificultades para identificar las letras y entender lo que leen. Por lo general, lo que más preocupa a los padres es que sus hijos lean bien, y tiene sentido porque, a lo largo de la vida, la lectura es esencial para comprender el mundo. Por otra parte, si los niños no son capaces de expresar sus ideas verbalmente, pueden tener problemas para ponerlas por escrito. Paul Menyuk, profesor de estudios evolutivos y lingüística aplicada de la universidad de Boston, llegó a esta conclusión en uno de sus estudios: «Los niños que tienen dificultades para leer suelen tener problemas de lenguaje subyacentes».

Además, los niños se suelen sentir frustrados cuando no pueden pedir a otros que les devuelvan sus juguetes, no pueden jugar a algo porque no comprenden las reglas o son incapaces de explicar por qué están tristes. Como ves, los problemas de expresión pueden limitar la capacidad de un niño para relacionarse con los demás y desarrollar su autoestima, y en consecuencia puede acabar aislado.

No hay nada como el éxito para fomentar las ganas de aprender. Muchos niños llegan al parvulario con una buena disposición, pero en primer lugar deben «ponerse al día» porque no tienen la capacidad verbal necesaria para iniciar el proceso de aprendizaje. (Véase el recuadro «Qué es un trastorno del lenguaje» en pp. 20-21.) Este libro te ayudará a potenciar la capacidad de expresión de tu hijo. Léelo de principio a fin para comprender los principios básicos y después haz las consultas que consideres oportunas cuando necesites ideas o tengas alguna duda.

Cómo hablar con tu bebé se ha estructurado de acuerdo con un orden lógico y está escrito con un lenguaje sencillo. En el capítulo 2 descubrirás de qué manera se unen la naturaleza y la educación para ayudar a los niños a alcanzar todo su potencial. Si eres consciente de lo que ocurre en el cerebro de tu hijo antes de que pronuncie la primera palabra, podrás disfrutar de todos sus progresos.

En los capítulos 3 a 8 aprenderás a crear un entorno rico en estímulos verbales para mejorar la capacidad de aprendizaje de tu hijo, todo ello con ilustraciones y ejemplos explicativos. En el capítulo 9 se describe cómo y cuándo desarrollan la mayoría de los niños las diferentes capacidades lingüísticas. Además, en este capítulo encontrarás consejos prácticos para potenciar la capacidad de aprendizaje de tu hijo en cada etapa.

En el capítulo 10, un capítulo especial, se explica por qué

«Joey» y otros niños no desarrollan su capacidad verbal a la misma velocidad que sus compañeros. Y se recomienda a los padres que tengan alguna duda respecto al desarrollo de sus hijos que busquen ayuda profesional.

Para finalizar se incluye un «Guión de trabajo», con el fin de ayudarte a planificar las actividades más beneficiosas para tu hijo, y un «Glosario para padres» con las definiciones de los términos básicos para que la lectura te resulte más fácil.

Pasemos, pues, al siguiente capítulo, donde veremos cómo está equipado el cerebro de los niños para aprender cualquier lengua del mundo, y por qué los estímulos que ahora le das a tu hijo constituyen la base de su futuro éxito.

Capítulo 2

Cómo aprenden a hablar los niños

Para que un niño aprenda a hablar deben darse una serie de condiciones físicas y sensoriales. En primer lugar el niño debe tener pulmones para respirar; cuerdas vocales para emitir sonidos; lengua, labios y paladar para convertir el aire en sonidos significativos; y cerebro para recibir y enviar mensajes. Además, ese niño debe ser capaz de oír lo que le dicen y de centrar su atención en la gente y los objetos de su entorno. Debe tener sensibilidad, sobre todo en la boca, para aprender a colocar los labios y la lengua y producir distintos sonidos. Y debe ser capaz de organizar y comprender lo que vea, oiga, pruebe y toque.

Muchos padres creen que sus hijos comienzan a hablar cuando pronuncian la primera palabra. Pero lo cierto es que los niños empiezan a prepararse para ese momento decisivo mientras están aún en el útero materno. En este capítulo hablaremos de algunos de los momentos mágicos que preceden a esa primera palabra.

EL PRODIGIOSO CEREBRO DE UN BEBÉ

Incluso antes de que una mujer pueda saber que está embarazada, algunas de las cien mil millones de células cerebrales empiezan a multiplicarse a un ritmo frenético en el interior del embrión que lleva dentro. Esto se debe a que el cerebro de un bebé comienza a desarrollar células nerviosas, o neuronas, tres semanas después de la concepción. Estas neuronas serán las encargadas de transportar mensajes eléctricos por el cerebro, y algunas de ellas tienen ya una función concreta desde que el bebé nace, que está determinada por los genes que ha recibido de sus padres. Estas neuronas están equipadas para controlar su respiración, el latido cardiaco, la temperatura corporal y los reflejos, como el de succión.

Ahora sabemos que los niños no vienen al mundo con el cerebro totalmente ensamblado. Poco después de nacer, el cerebro de un bebé experimenta una serie de cambios impresionantes. Durante los primeros años de vida dobla su peso y consume el doble de energía que el cerebro de un adulto. Esto no se debe a la producción de nuevas células, sino a los billones de conexiones o sinapsis que se desarrollan entre ellas, que permiten al bebé pensar y aprender.

Los niños no reciben de sus padres los genes suficientes para establecer estas conexiones neuronales. Los científicos han comprobado que lo que un niño ve, oye, toca y siente hasta los tres años determina las conexiones que potenciarán su capacidad de aprendizaje durante toda su vida. Sin embargo, en diferentes etapas del desarrollo, algunas de las conexiones que no se usan y se refuerzan con experiencias de aprendizaje pueden atrofiarse y perderse para siempre. Pero si el niño recibe muchos estímulos, estas conexiones se refuerzan y se mantienen activas de por vida.

El cerebro de un niño es como un bosque con muchos caminos entre la maleza. Al igual que las conexiones cerebrales, los caminos que se transitan con frecuencia siempre están abiertos al paso. Pero los que no se utilizan acaban cubiertos de zarzas y desaparecen.

Aunque es imposible determinar la importancia del aprendizaje precoz, lo cierto es que durante el primer año de vida se abren y se cierran muchas ventanas de oportunidad críticas.

CARLA SHATZ, profesora de neurobiología
de la Universidad de California en Berkeley

ESTIMULACIÓN VERBAL

Los niños aprenden a hablar escuchando. Los investigadores señalan que cuantas más palabras oyen, antes aprenden a hablar, porque la exposición diaria a los estímulos verbales refuerza las conexiones cerebrales que potencian el desarrollo del lenguaje. Sin embargo, sólo la comunicación «directa», no la televisión, ayuda a los niños a desarrollar su capacidad verbal, porque, según los expertos, si no pueden relacionar lo que oyen con lo que sucede a su alrededor el lenguaje se convierte en ruido. El mensaje debe provenir de una persona cercana, y el niño debe centrarse en el interlocutor y en su entorno.

Los resultados de un estudio realizado por Janellen Huttenlocher demuestran que el vocabulario de un niño tiene una estrecha relación con lo que le habla su madre. La doctora Huttenlocher comprobó que, a los veinte meses, los hijos de madres que hablaban mucho conocían 131 palabras más que los de madres que hablaban poco. Y a los dos años la diferencia llegaba a ser de 295 palabras. (Véase tabla 2.1.)

Otros investigadores han descubierto que el hecho de hablar a los niños influye también en su nivel de inteligencia. Los doctores Todd R. Risley y Betty Hart observaron cómo se relacionaba un grupo de padres con sus hijos de uno y dos años. A los tres años, los que obtuvieron mejores resultados en los tests de inteligencia y lenguaje fueron los que habían oído más palabras los dos primeros años. Según estos expertos, los padres locuaces utilizaban más palabras descriptivas, hacían más preguntas y daban explicaciones en vez de limitarse a decir «para» y «no». En tercero de primaria, cuando estos niños pasaron otra serie de tests, los que tenían padres locuaces seguían teniendo una capacidad de expresión superior a la de aquellos cuyos padres hablaban menos.

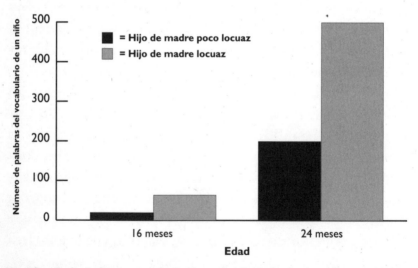

Tabla 2.1. Influencia de la locuacidad de los padres en el vocabulario de los niños.

Fuente: Laliberte, Richard. «Parents Report», Parents Magazine, vol. 72, n.º 9, página 50 (septiembre 1997).

Aunque tu hijo oiga conversaciones a su alrededor es importante que le hables directamente mucho antes de que pueda responderte. No hace falta que le hagas muchas preguntas o que le exijas que conteste. Algunos expertos han llegado a afirmar que el hecho de hablar y relacionarse con un niño desde que nace puede determinar que tenga una capacidad de comunicación superior a la media.

ANTES DE LA PRIMERA PALABRA

Como ya he mencionado, antes de que un niño diga la primera palabra debe oírla muchas veces y comprender lo que significa. Además, debe ser capaz de discriminar los sonidos que configuran las palabras, reconocer dónde empiezan y terminan y entender cómo se unen para formar frases en la lengua que se habla en su entorno. Es una tarea compleja, porque cuando hablamos no hacemos pausas entre las palabras y unimos los sonidos que las componen.

Discriminación de sonidos

Los niños comienzan a desarrollar el lenguaje escuchando la voz de su madre en el útero durante nueve meses. Desde que nacen son capaces de distinguir las voces de un hombre y una mujer. Al cabo de una semana les gusta la voz de su madre más que cualquier otra, y poco después comienzan a preferir la voz de su padre a la de otros hombres.

Al principio los niños responden sólo al ritmo y la melodía de las voces, pero muy pronto comienzan a percibir los diferentes sonidos que componen las palabras. Los expertos han comprobado que los bebés de cuatro meses pueden apreciar las diferencias entre todos los sonidos de todas las lenguas.

Esto es extremadamente difícil incluso para los adultos, puesto que en cada una de las 6.000 lenguas del mundo se utiliza una combinación diferente de sonidos para construir palabras. Sin embargo, para los diez meses, un bebé norteamericano rodeado de adultos angloparlantes se olvida de los sonidos del francés, por ejemplo, y se centra más en los sonidos del inglés. Según los expertos no se trata de que los niños pierdan la capacidad de distinguir sonidos a medida que crecen; lo que ocurre es que dejan de prestar atención a los que no oyen con frecuencia. Y esto les permite concentrarse en las sílabas y las palabras de la lengua que habla la gente que les rodea.

> *Antes se creía que el desarrollo del lenguaje se iniciaba cuando los niños comenzaban a hablar con un año aproximadamente. Pero los estudios más recientes indican que configuran la estructura fonética de su lengua entre los seis y los doce primeros meses.*
>
> Patricia Kuhl, profesora de lingüística
> de la Universidad de Washington en Seattle

Identificación de palabras

Hacia los ocho meses, mucho antes de que sepan lo que significan la mayoría de las palabras, los niños comienzan a descubrir cómo se combinan los sonidos para formar palabras y sílabas. Los expertos creen que esto se debe a que se acostumbran a oír determinadas combinaciones de sonidos más o menos a los siete meses. Los bebés norteamericanos que viven en un entorno angloparlante acaban acostumbrándose a oír una serie de combinaciones fonéticas, y eso les permite identificar las sílabas de su lengua. De esa manera comienzan a reconocer dónde empiezan y terminan las palabras, aunque no comprendan su significado.

Los niños siguen aprendiendo a reconocer los límites de las palabras y las pautas métricas que hay entre ellas. En inglés se suele acentuar la primera sílaba de las palabras, sobre todo cuando se habla a un niño pequeño. Los investigadores han comprobado que los niños de entre seis y nueve meses succionan con más intensidad cuando oyen palabras con el acento en la primera sílaba, ya sea en una conversación normal o cuando se lee una lista. Según los expertos, esto indica que con menos de un año los niños no oyen una retahíla de sonidos indeterminados, sino una serie de palabras bien definidas.

Comprensión de significados

Para cuando cumplen un año, la mayoría de los niños comienzan a comprender el significado de las palabras. Al principio entienden muchas más palabras de las que pueden pronunciar. El CDI (MacArthur Communicative Development Inventories) señala que, en términos generales, un niño de doce meses comprende unas 55 palabras, pero dice 1 o 2. Y a los dieciséis meses conoce unas 170 palabras, pero sólo dice alrededor de 25.

Ellen Markman, psicóloga de la Stanford University, afirma que cuando los niños comienzan a decir palabras no necesitan saber lo que significan todas ellas, porque parten de tres supuestos básicos que ayudan a simplificar el proceso. En primer lugar, asumen que los nombres hacen referencia a la totalidad de un objeto, no a una parte o una característica. Por ejemplo, para ellos la palabra «taza» es todo el recipiente, no sólo al asa. En segundo lugar, asumen que una palabra no sólo se refiere a una cosa, sino a un grupo de cosas. Esto les permite hacer generalizaciones, aunque no siempre sean correctas. Por ejemplo, algunos niños creen que las naranjas son pelotas, puesto que tienen una forma similar. Y en tercer lugar, los niños asumen que cada cosa solamente tiene un nombre.

Organización de palabras

La lengua está formada por una sucesión de palabras. Antes incluso de aprender a combinar palabras los niños descubren que tienen diferentes significados según dónde vayan colocadas en las frases. Por ejemplo, la frase «Mamá llama a papá» no significa lo mismo que «Papá llama a mamá». Los lingüistas creen que esto permite a los niños analizar la estructura gramatical y combinar palabras de manera que sean comprensibles para la gente que les rodea. Alrededor de un 90 por ciento de las frases que pronuncia un niño de tres años son gramaticalmente correctas. ¿Pero cómo aprenden los niños las normas gramaticales con tanta rapidez?

Noam Chomsky, lingüista del Massachusetts Institute of Technology, reveló en los años cincuenta que los niños no pueden aprender todas las estructuras y las normas de una lengua simplemente escuchando a otras personas y repitiendo lo que oyen. Chomsky comprobó que en todas las lenguas del mundo las frases se construyen con proposiciones nominales («el niño rubio») y verbales («fue corriendo a casa»). Según los investigadores, en lugar de memorizar millones de frases los niños controlan los esquemas de las proposiciones nominales y verbales. Y son capaces de hacerlo porque nacen con una «gramática universal»; es decir, una serie de normas básicas comunes a todas las lenguas. El hecho de tener unos recursos innatos para analizar las estructuras gramaticales les permite aplicar estas normas sin necesidad de comprender cómo funcionan. Los estudios demuestran que los niños que nunca han oído hablar de gramática pueden identificar las proposiciones nominales y verbales.

Los errores que suelen cometer se deben a que siguen las normas gramaticales al pie de la letra y no tienen en cuenta las irregularidades de una lengua. Por eso algunos niños dicen cosas como «Me he ponido el jersey» o «Sepo comer solo».

NATURALEZA Y EDUCACIÓN

Los investigadores aún no han determinado con precisión cómo aprenden los niños a hablar. La mayoría de los científicos coinciden en señalar que el cerebro de los bebés está equipado para esta tarea, porque todos los niños, en cualquier parte del mundo, aprenden a hablar más o menos a la misma edad, e incluso siguen las mismas pautas de desarrollo. Sabemos que la herencia genética influye en el nivel de inteligencia, pero la relación que establecen los padres con sus hijos desde que nacen es esencial, porque el periodo más crítico para el desarrollo cerebral de un niño tiene lugar durante los tres primeros años de vida.

La mayoría de los expertos opina que los niños necesitan estímulos a una edad temprana. Y para algunos padres esto significa que deben bombardear a sus hijos con experiencias educativas y una charla incesante. Sin embargo, ayudar a un niño a aprender a hablar puede ser muy fácil y divertido, y puede formar parte de la rutina diaria. En el siguiente capítulo veremos cómo se puede crear un entorno rico en estímulos verbales para un niño pequeño.

Capítulo 3

Creación de un entorno rico en estímulos verbales

En el capítulo anterior hemos visto que cuanto más hablan los padres a un niño, más palabras adquiere éste. Todos los padres, por ocupados que estén, quieren que sus hijos maduren plenamente en todas las fases del desarrollo. En este capítulo descubrirás de qué maneras puedes relacionarte con tu hijo en situaciones cotidianas para mejorar su capacidad de comunicación y ayudarle a desarrollar todo su potencial. A lo largo del día encontrarás cientos de oportunidades para enseñarle a hablar.

Con las sugerencias que aquí se proponen, y tus propias ideas, podrás crear un entorno rico en estímulos verbales para tu hijo. La mayoría de estas sugerencias son apropiadas para niños de todas las edades, pero si lo consideras oportuno puedes adaptarlas a las necesidades de tu hijo. El entorno que crees le animará a hablar y le dará una razón para comunicarse. Relájate y disfruta ayudando a tu pequeño a aprender.

SIGUE SU RITMO

Los investigadores señalan que es esencial seguir el ritmo de los niños sin forzar las cosas en ningún momento. Sé afectuosa con tu hijo y muestra interés por lo que haga para que se sienta importante y afiance su identidad. Si le prestas atención sabrá que también tú eres especial, y su confianza te permitirá desempeñar un papel activo en su futuro aprendizaje.

Habla y juega con tu hijo siempre que esté dispuesto a escuchar. Si sonríe y te indica con el lenguaje corporal y el contacto ocular que le interesa la actividad, sigue jugando. Pero si llora, tuerce la cabeza o arquea la espalda, déjalo. Cuando comience a comunicarse contigo céntrate en las palabras y los objetos que más le gusten o le atraigan en ese momento. Por ejemplo, si señala a una ardilla que está trepando a un árbol no le hables del perro que cruza la calle. Dile: «Es una ardilla. Mira qué cola tan bonita tiene».

QUÉ PUEDES ESPERAR DE TU HIJO

Muchos padres comparan el desarrollo verbal de sus hijos con el de otros niños, pero lo que se considera normal en este ámbito es muy variable, sobre todo en el segundo año. Como ocurre en el aspecto físico, cada niño desarrolla su capacidad verbal a un ritmo diferente. Puesto que esperar mucho o poco puede ser perjudicial, es importante que sepas si tu hijo progresa en todos los aspectos a un ritmo aceptable. En el capítulo 9 se describe cómo y cuándo desarrollan la mayoría de los niños las diferentes capacidades lingüísticas. Si tienes alguna duda respecto al desarrollo de tu hijo consulta a tu pediatra o a un logopeda.

ESCUCHA CON ATENCIÓN

En un principio la relación con tu hijo es unidireccional. Tú hablas y él escucha. Pero poco después de nacer comenzará a comunicarse con sonidos y expresiones faciales. Cuando haga gorgoritos y balbucee, escúchale con atención. Deja lo que estés haciendo, acércate a él y mírale. Después repite lo que diga, o respóndele para que vea que comprendes el mensaje: «¿Ah, sí? ¿No me digas?». Si le escuchas con atención aprenderá una de las pautas fundamentales de la comunicación: que se habla por turnos.

Cuando sea más mayor y esté ansioso por decirte algo muy importante dale un buen ejemplo. Si es posible, deja lo que tengas entre manos y préstale atención. Como los adultos, la mayoría de los niños se comunican mejor cuando la otra persona les mira a la cara. Al prestarle toda tu atención le demostrarás cómo se escucha cuando alguien tiene algo importante que decir.

DA UN BUEN EJEMPLO

Los expertos recomiendan que no se use y se fomente el «lenguaje infantil». Habla con claridad y, lo que es más importante, correctamente. Por ejemplo, no digas: «¿Tene hambe? Aquí etá el bibi». Los niños aprenden el lenguaje que oyen. Antes de que tu hijo hable escuchará todo lo que digas, y cuando comience a hablar imitará las pautas que ha oído. En este caso deberías decir: «¿Tienes hambre? Aquí está el biberón». Si hablas correctamente, tu hijo aprenderá a hablar con corrección.

Cuando te refieras a ti misma o a otras personas utiliza los pronombres y tiempos verbales adecuados. No digas: «Mamá está muy orgullosa de ti» sino «Estoy muy orgullosa de ti». De ese modo aprenderá a usar los pronombres correctamente.

ENSEÑA A TU HIJO A ESCUCHAR

Los niños deben aprender a escuchar, por ejemplo aprendiendo a seguir instrucciones. Para que tu hijo comprenda mejor las instrucciones que le des, señala y haz otros gestos, porque sólo te escuchará y comprenderá lo que le digas cuando te pongas a su nivel.

Con uno y dos años los niños responden a instrucciones sencillas. Por ejemplo, en lugar de decir «Enséñame la manzana que está junto a la vaca» di «Enséñame la vaca» o «Enséñame la manzana».

Con dos y tres años pueden seguir instrucciones sencillas que contienen términos calificativos, como «pequeño» o «grande». Por ejemplo, deberían ser capaces de comprender indicaciones como «Dame la taza pequeña». A esta edad también pueden seguir algunas instrucciones complejas, por ejemplo «Coge tus zapatos y dámelos».

La capacidad para distinguir los sonidos, o discriminación auditiva, es esencial para aprender a leer. Dale a tu hijo la oportunidad de escuchar muchos sonidos diferentes cuanto antes. Haz comentarios sobre los sonidos más habituales: «Escucha el tictac del reloj» o pregúntale: «¿Oyes ese avión?». Habla de los sonidos que haga al chapotear en la bañera, patalear o dar palmadas. Golpea un cazo con una cuchara o deja caer bloques en recipientes de plástico, cartón o metal para producir distintos sonidos.

PON MÚSICA, CANTA CANCIONES Y RECITA RIMAS

Las madres de todo el mundo saben que no hay nada como una nana para apaciguar a un niño. Los psicólogos creen que la música tiene un efecto beneficioso desde los primeros meses de vida, cuando se están formando las conexiones cerebrales. Algunos expertos afirman que la exposición a la música ayuda a mejorar la capacidad de comprensión de un bebé y estimula su desarrollo lingüístico. Los datos científicos indican que los niños que escuchan de pequeños música clásica, por ejemplo Mozart, obtienen mejores resultados en los tests de inteligencia que realizan en la escuela. La música ayuda a los niños a desarrollar su capacidad para discriminar los sonidos y repetir las palabras que oyen, porque según los expertos utilizan la misma parte del cerebro para estructurar la música y el lenguaje en segmentos comprensibles.

Cuando le pongas música a tu hijo, canta, baila y no dejes de sonreír. Demuéstrale que te estás divirtiendo y participa de una manera activa. Aunque cada niño tiene sus preferencias musicales, algunos expertos señalan que lo que más les gusta a los recién nacidos es la música tranquila: las nanas, las baladas, el blues y la música folk. Cuando tu hijo se siente en tu regazo quizá le apetezca cantar y escuchar canciones con más ritmo, como «Don Melitón», «El señor don Gato» y «El cocherito». Muchas de estas canciones pueden ir acompañadas de gestos. Para los niños que gatean y andan los expertos recomiendan canciones de animales, partes del cuerpo y actividades cotidianas, como «El trenecito». A los más mayores también les gusta el country, la música renacentista y la de baile.

Además de entretener, algunas rimas y canciones son las primeras formas de comunicación que aprende un niño, y según los especialistas pueden ser beneficiosas en muchos aspectos del desarrollo, incluidas las capacidades sociales y lingüísticas. Con las rimas los niños aprenden a estructurar las palabras, amplían su vocabulario y desarrollan su capacidad auditiva al escuchar el ritmo y las inflexiones. A los niños de un año les gustan las rimas que se prestan a la participación. Mantén a tu hijo activo físicamente siempre que sea posible. Por ejemplo, señala las partes de su cuerpo, tócale los dedos de las manos y de los pies y enséñale a caerse cuando cantes «La silla de la reina».

A continuación encontrarás una lista de rimas, canciones y juegos de mímica para niños de diferentes edades.

Canciones, rimas y juegos de mímica

Hasta los dieciocho meses

RIMAS Y CANCIONES:

«Cinco lobitos»
«Los cochinitos dormilones»
«Duérmete niño» (para dormir a un bebé)
«Tengo una muñeca vestida de azul» (para vestirle)
«La tía Melitona» (para darle de comer)
«Qué será, será» (cuando esté llorando)

CANCIONES Y JUEGOS DE MÍMICA:

Los deditos
Éste compró un huevito,
éste lo puso a asar,
éste le echó la sal,
éste probó un poquito,
y el más gordito se lo comió todito todito.

El corro chirimbolo
El corro chirimbolo,
¡qué bonito es!

Un pie, otro pie,
una mano, otra mano,
un codo, otro codo,
la nariz y el morro.

 # De dieciocho a veinticuatro meses

CANCIONES Y JUEGOS DE MÍMICA:

Caracol, col, col

Caracol, col, col (dedos doblados),
saca los cuernos al sol (salen lentamente),
pues tu padre y tu madre (dedos fuera)
también los sacó (movimiento de los dedos arriba-abajo).

El gato y el ratón

Era un gato grande que hacía ron, ron,
muy acurrucado en su almohadón.
Cerraba los ojos, se hacía el dormido,
movía la cola con aire de aburrido.
Era un ratoncito chiquito, chiquito,
que asomaba el morro por un agujerito,
desaparecía y volvía a asomarse,
y daba un gritito «¡ih!».
Salió de su escondite, corrió por la alfombra,
y miedo tenía hasta de su sombra,
pero de repente se oyó un gran estruendo,
vio unos ojos grandes y un gato tremendo.
Y aquí acabó la historia de aquel ratoncito,
que asomaba el morro por un agujerito.

De dos a tres años

RIMAS Y CANCIONES:

«En la vieja factoría»
«La silla de la reina»
«El cocherito leré»
«El señor don Gato»
«Mi barba tiene tres pelos»

CANCIONES Y JUEGOS DE MÍMICA:

Los pajaritos...
Los pajaritos vuelan por el aire,
vuelan, vuelan, vuelan, vuelan, vuelan.
Los pececitos nadan por el agua,
nadan, nadan, nadan, nadan, nadan.
Los conejitos corren por el monte,
corren, corren, corren, corren, corren.

En el auto de papá
El viajar es un placer que nos suele suceder,
en el auto de papá nos iremos a pasear.
Vamos de paseo, ¡pi, pi, pi!,
en un auto feo, ¡pi, pi, pi!,
pero no me importa, ¡pi, pi, pi!,
porque llevo torta, ¡pi, pi, pi!

Aunque no seas Pavarotti, tus nanas y tus canciones potenciarán el desarrollo cerebral de tu hijo.

EDWIN KIESTER JR. y SALLY VALENTE KIESTER,
«You Can Raise Your Child's IQ»,
Reader's Digest, octubre de 1996

POTENCIA LA AUTONOMÍA DE TU HIJO

Los expertos aseguran que un niño puede desarrollar su capacidad cerebral no sólo con estímulos, sino también explorando el mundo por sí mismo. Los niños son capaces de comprender cosas y resolver problemas sin que sus padres les orienten. Algunas veces les gusta que estén cerca mientras juegan, y de este modo desarrollan su capacidad de aprendizaje. Sin embargo, debes resistir la tentación de intervenir si tu hijo utiliza un juguete u otro objeto de un modo extraño siempre que no haya ningún riesgo. Espera un poco y si ves que se siente frustrado, ofrécele tu ayuda. Explícale cómo se usa y deja que lo intente de nuevo.

LEE A TU HIJO

Los especialistas afirman que nunca es demasiado pronto para comenzar a leer a un bebé. Estar en tus brazos y oír tu voz es una experiencia agradable para tu hijo. Por pequeño que sea, al leerle un cuento le ayudarás a desarrollar su capacidad visual y auditiva. La lectura también ofrece oportunidades para recalcar sonidos, pautas de entonación y significados. Al escucharte tu hijo aprenderá a convertir sus balbuceos en palabras. Y más tarde comprenderá que las historias tienen un principio y un final. El hecho de esperar para ver cómo sigue o termina una historia ayuda a los niños a desarrollar su capacidad de atención. Los estudios demuestran que los niños a los que sus padres han leído llegan a la escuela mejor preparados para aprender. Déjate asesorar por un profesional, que te ayudará a elegir las lecturas más adecuadas para tu hijo.

MUESTRAS DE APROBACIÓN

Demuestra a tu hijo lo contento que estás cuando sonría, mueva la boca como tú o diga nuevas palabras. Felicítale incluso por los logros más pequeños. Las investigaciones indican que, además de complacer a los niños, las muestras de aprobación refuerzan las conexiones de su cerebro. Si se reacciona con indiferencia ante los progresos de un niño, no se reforzarán sus circuitos cerebrales, y puede que acabe siendo reacio a intentar cosas nuevas. Sonríe a tu hijo y abrázale para demostrarle cuánto disfrutas hablando con él. De este modo le animarás a hablar con otras personas.

Aunque estés muy orgulloso de sus habilidades resiste la tentación de pedirle que «actúe» delante de la gente, a no ser que a él le guste. O haz con él esa actividad. Por ejemplo, si quieres que la abuela vea cómo cuenta di los números con él.

BUSCA OPORTUNIDADES DE APRENDIZAJE

Como es lógico, los padres intentan ofrecer a sus hijos oportunidades de aprender cosas nuevas. Las visitas al zoo, a un museo interactivo o a un acuario son una ocasión estupenda para ampliar sus conocimientos. Pero estas excursiones no se hacen con frecuencia. Por lo tanto, es importante que aprendas a reconocer todas las oportunidades que tienes cada día mientras realizas las tareas cotidianas con tu hijo. La comunicación debe formar parte de la vida diaria. Cuando le recites una rima, le leas su cuento favorito o le hables de la manzana que está comiendo estimularás su capacidad de aprendizaje. Si es posible, llévale contigo al supermercado, a la oficina de correos y a la tintorería y háblale de lo que vea, haga y piense.

HABLA

Los expertos afirman que cuanto más palabras oiga un niño y más interés se preste a sus comunicaciones –incluso a los primeros balbuceos– más se desarrollará su capacidad innata para adquirir el lenguaje. Los datos indican que si hablas a tu bebé puedes reforzar las conexiones de su cerebro, que potenciarán su capacidad de aprendizaje a lo largo de su vida. En el siguiente capítulo hablaremos de las técnicas que puedes usar para enseñar a tu hijo a hablar y descubrirás cómo puedes poner en práctica tus ideas para desarrollar su capacidad de expresión y aprendizaje.

∝ Capítulo 4 ≫

Cinco métodos
para aprender a hablar

Antes de que un niño pueda usar un lenguaje expresivo debe comprender las palabras, y para ello tiene que saber qué significan; es decir, qué acciones, objetos o ideas representan. Tu hijo aprenderá los significados de las palabras de un modo natural escuchándote hablar de las cosas que te rodean. De este modo aprenderá a asociar las palabras que utilices con las acciones, objetos o situaciones que describas.

La mayoría de los bebés oyen conversaciones a su alrededor desde que nacen. Pero también es importante que les hablen directamente. Que tu hijo no hable aún no significa que no pueda escuchar y comprender palabras. En este capítulo analizaremos cómo se debe hablar a los bebés y los cinco métodos con los que puedes enseñar a tu hijo a hablar.

TÉCNICAS

Cuando habla a los niños pequeños, la gente de todo el mundo suele utilizar un tono agudo y melodioso conocido como «parentese». Al usar esta técnica, los adultos suelen modificar también las palabras que emplean, el ritmo y el nivel de intensidad. Los investigadores continúan debatiendo si hablar a los niños en «parentese» es beneficioso o perjudicial para su desarrollo. Sin embargo, la mayoría de los expertos asegura que las siguientes técnicas pueden ayudar a los niños a aprender a hablar.

Habla de lo que sucede a tu alrededor

A tu hijo le resultará más fácil comprender y expresar palabras si le hablas de la gente, los objetos y las situaciones de su entorno. De este modo aprenderá a relacionar las palabras con las cosas que vea, oiga, huela, pruebe y toque.

Según los expertos hay dos técnicas que a los niños les gustan especialmente. Una de ellas consiste en **hablar consigo mismo** de lo que uno ve, oye, hace o siente. Esta técnica se puede aplicar en cualquier actividad.

EJERCICIO VERBAL

Ejemplo de un adulto que habla consigo mismo:

Adulto: «Estoy buscando mi chaqueta azul. Aquí está».

Mientras este padre habla, el niño aprende que hay una serie de palabras que representan lo que está haciendo.

La segunda técnica se denomina **discurso paralelo**, y consiste en hablar en voz alta de lo que el niño ve, oye y toca. Esta técnica también se puede usar con cualquier actividad.

EJERCICIO VERBAL

Ejemplo de un adulto que utiliza un discurso paralelo:

Adulto: «Estás chapoteando en la bañera».

Mientras este padre habla de lo que está haciendo su hijo, el niño aprende a relacionar sus acciones con las palabras de su padre.

Habla a tu hijo despacio y con claridad. Si le hablas a un ritmo lento y vocalizas con precisión, le resultará más fácil comprender cada palabra. Enfatizar y repetir las palabras también puede servir de ayuda.

EJERCICIO VERBAL

Ejemplo de un adulto que utiliza la repetición:

Adulto: «Esto es un calcetín, y se pone en el pie. *Pie*».

Repetir y subrayar las palabras es muy importante, porque para que un niño entienda el significado de una palabra y pueda pronunciarla debe oírla muchas veces.

Utiliza frases cortas

Los investigadores han comprobado que si se habla a los niños con frases cortas pueden comprender las normas gramaticales con más facilidad. Sin embargo, también conviene utilizar frases de mayor longitud. Los estudios indican que los niños cuyos padres utilizan a veces frases simples unidas por conectores comienzan a utilizar frases complejas antes que los demás.

EJERCICIO VERBAL

Ejemplos de un adulto que emplea frases simples y complejas:

Frase simple: «Tu chaqueta es azul».

Frase compleja: «Llevas guantes porque hace frío».

Utiliza la expansión

Cuando tu hijo comience a decir palabras es importante que le respondas de un modo positivo, por ejemplo utilizando las técnicas de **expansión básica y complementaria**, para que sepa que le estás escuchando y que comprendes su mensaje. De este modo le animarás a seguir intentándolo y aprendiendo.

Para aplicar la **expansión básica**, repite lo que tu hijo diga y añade una o dos palabras. No se trata de cambiar el sentido de su comentario, sino de alargarlo.

EJERCICIO VERBAL

Ejemplo de un adulto que utiliza la expansión básica:

Niño: «Gato».

Adulto: «Sí, es un gato blanco».

Este adulto no ha cambiado el mensaje del niño, pero al añadir «sí» y «blanco» le enseña más palabras y le hace saber que le ha comprendido.

Con la **expansión complementaria** ayudarás a tu hijo a aclarar el mensaje. Para aplicar esta técnica debes repetir lo que diga el niño y añadir una o dos frases. Como en el caso anterior, de este modo le comunicarás que le entiendes y que apruebas su mensaje.

EJERCICIO VERBAL

Ejemplo de un adulto que utiliza la expansión complementaria:

Niño: «Mi chaqueta azul».

Adulto: «Sí, es tu chaqueta azul. Te la compré ayer».

Para usar esta técnica debes adaptarte al ritmo de tu hijo y hablar de lo que le interese. Así le demostrarás cómo se unen las palabras y aprenderá a desarrollar sus enunciados.

CINCO MÉTODOS PARA APRENDER A HABLAR

Imagina que vas con una amiga a un país extranjero, que no conocéis el idioma y que cada una se aloja con una familia distinta. En tu casa los anfitriones hacen todo lo posible para ayudarte a aprender la lengua. Te enseñan los nombres de la gente, los objetos y las situaciones. Comparan y describen los objetos hablando de sus colores, formas, tamaños y texturas. Te explican las semejanzas y las diferencias de las cosas y cómo se utilizan. Hablan de los sucesos siguiendo un orden lógico y te explican por qué ocurren las cosas en cada momento. Todo esto lo hacen en tu entorno natural, mientras llevas a cabo las actividades cotidianas. En consecuencia, empiezas a comprender palabras y conceptos en ese idioma y comienzas a utilizarlo para comunicar lo que piensas y sientes.

Por el contrario, en la casa de tu amiga saben que no conoce su idioma y no le hablan. Lo único que hace es oír conversaciones. A veces le plantean preguntas, pero ella no las comprende ni puede responder. Otras veces la animan a que repita lo que dicen, pero tiene problemas para asociar las palabras con las acciones y es incapaz de expresarse.

Tu hijo es como un viajero que aprende una nueva lengua, y debe comprender las palabras para usarlas correctamente. En vez de hacerle muchas preguntas o pedirle que repita lo que digas deberías hablar con él. Adopta un enfoque activo y háblale de lo que veas, hagas y pienses utilizando estos cinco métodos: utiliza la denominación para enseñarle los nombres de las palabras; la descripción para que comprenda las características de los objetos; la comparación para que sepa que las personas y las cosas pueden ser iguales o diferentes; la explicación para que comprenda el orden lógico de los sucesos y la relación entre palabras y acciones; y las instrucciones para que aprenda a controlar los conceptos espaciales. El objetivo de estos métodos es mejorar la capacidad de comprensión del lenguaje de los niños, y se pueden utilizar de forma simultánea simplemente hablándoles con atención en su entorno natural.

Primer método: Denominación

Tu hijo será capaz de reconocer objetos familiares mucho antes de saber cómo se llaman. El mundo de un niño de un año está lleno de cosas con «nombres desconocidos» que puede conseguir con gruñidos y gestos. Pero debe aprender que todo tiene un nombre específico.

Otra de las cosas que tu hijo debe aprender es la categoría a la que pertenece cada palabra, capacidad que le ayudará a establecer asociaciones y relacionar la información que reciba con las palabras que ya conozca. Esto es muy importante, porque nuestro mundo está organizado por categorías. Por ejemplo, si quieres comprar una manzana vas a una tienda de comestibles o a una frutería, para ver animales vas al zoo, y para comprar juguetes vas a una juguetería. A medida que tu hijo aprenda más cosas, las categorías en las que divida su mundo cambiarán y serán cada vez más amplias.

«Esto es una gorra. **Gorra.**»

Cómo usar la denominación

Para aplicar este método, atrae la atención de tu hijo hacia un objeto y dile cómo se llama. Para ello puedes utilizar una palabra («gorra») o una frase corta («Esto es una gorra»). También puedes hacer hincapié en el nombre del objeto diciéndolo en voz más alta o repitiéndolo: «Esto es una gorra. Gorra».

Segundo método: Descripción

Cuando hables de cualquier objeto describe sus características, que pueden incluir el color, la forma, el tamaño, la textura o el sonido que produce. Al describir los objetos en función de sus características tu hijo aprenderá a describir las cosas del mismo modo. (Véase «Cómo aprenden los niños» en la página 60 para ver cómo aprenden los colores, las formas, los tamaños, las texturas y los números.) De esta manera será capaz de expresar sus opiniones. Además, cuando le describas las cosas le ayudarás a comprender el concepto de cantidad, porque en las descripciones incluirás cuantificadores.

Con este método tu hijo comenzará a entender y emplear palabras que hacen referencia a detalles importantes de su mundo.

«El balón es grande y redondo.»

Cómo usar la descripción

Para aplicar este método, atrae la atención de tu hijo hacia un objeto y describe una o varias de sus características. Puedes hablar del color (una flor roja) o de la forma y el tamaño (un balón grande y redondo). También puedes hablar de la cantidad (muchas manzanas, dos perros), de la textura (pelo suave, piedra dura, suelo resbaladizo) o del sonido que produce (bocina fuerte, papel crujiente, niños ruidosos).

Tercer método: Comparación

Si ayudas a tu hijo a identificar las semejanzas y las diferencias de los objetos podrá reconocer muchos aspectos importantes de su entorno. Para comprender el mundo, los niños deben ser capaces de ver y entender, por ejemplo, que los pepinos son alargados y las naranjas redondas, y que los plátanos y los limones son del mismo color. Esto se denomina *discriminación visual*. Y también deben ser capaces de oír las diferencias entre «pato» y «palo» para entender lo que les dicen. Esto se denomina *discriminación auditiva*. Las semejanzas y las diferencias de las cosas se aprenden comparando unas con otras.

«Hay un perro pequeño y otro grande.»

Cómo usar la descripción

Para aplicar este método, atrae la atención de tu hijo hacia una serie de objetos o personas y dile en qué se parecen y en qué se diferencian comparando su forma, su color, su tamaño, su textura o los sonidos que producen. De este modo también puedes ayudarle a aprender conceptos opuestos (zapato nuevo o viejo; perro grande o pequeño).

Háblale también de objetos, personas o situaciones que se puedan comparar con facilidad utilizando términos comparativos. Señala un árbol alto, otro más alto y el más alto; una caja grande, otra más grande y la más grande.

Cuarto método: Explicación

Al explicar lo que veas, hagas o pienses puedes enseñar a tu hijo varios conceptos importantes, entre ellos el orden lógico de los sucesos y la noción del tiempo. El tiempo es un concepto abstracto difícil de comprender, que los niños desarrollan poco a poco a medida que crecen. Cuando son pequeños sólo se preocupan por el tiempo si tienen que esperar algo. Si le explicas a tu hijo qué viene antes o le hablas de lo que sucedió ayer le ayudarás a comprender qué es el tiempo y cómo transcurre.

Además, si le explicas qué relación hay entre determinadas cosas podrá comenzar a tomar decisiones y resolver problemas. Por ejemplo, si le dices que los

«Al béisbol se juega con un bate y una pelota.»

paraguas son para la lluvia aprenderá a no mojarse cuando llueva. Y si le enseñas que el jabón es para lavarse aprenderá a ocuparse de su higiene.

El hecho de explicarle lo que estás haciendo le ayudará a comprender las acciones verbales. La mayoría de los niños y los adultos construyen las frases con acciones verbales, por ejemplo cuando hablan de lo que hace un objeto o una persona, de lo que ha hecho o de lo que va a hacer. Para que una frase tenga sentido debe haber una acción verbal. Cuando tu hijo comprenda y utilice estos términos podrá relacionarse con su entorno, dar instrucciones, pedir permiso o solicitar información. Puesto que la mayoría de las acciones verbales se pueden demostrar son fáciles de comprender.

Cómo usar la explicación

Para aplicar este método y enseñar a tu hijo el concepto de tiempo y el orden lógico de los sucesos, dile que te preste atención y habla de lo que estás haciendo y de lo que vas a hacer después. Utiliza expresiones como «antes de cenar» o «después de hacer la compra». Habla de las cosas que ocurrieron ayer, de las que están ocurriendo hoy y de las que pueden ocurrir mañana.

Para enseñar a tu hijo cómo están relacionadas las cosas, centra su atención en una serie de objetos o situaciones que tengan algún tipo de relación y dile qué palabras van unidas (bate y pelota, lluvia e impermeable) o explícale por qué están relacionadas («Al béisbol se juega con un bate y una pelota» o «El impermeable es para la lluvia»).

Para enseñar a tu hijo las acciones verbales, centra su atención en un objeto o en una persona que esté haciendo algo (un niño que corre o juega en un columpio) y habla de la acción que esté realizando («El niño está corriendo» o «El niño se está columpiando»).

Quinto método: Instrucciones

Al darle a tu hijo instrucciones le ayudarás a aprender una serie de conceptos espaciales, como «encima» y «debajo», y a
comprender y seguir instrucciones sencillas. Para un niño
todo depende de la posición de su cuerpo, y el modo más
fácil de aprender los conceptos espaciales es moverse en el
espacio. Los niños aprenden a controlar la posición de su
cuerpo en relación con otras personas u otros objetos. La
comprensión de los conceptos espaciales les permite seguir
muchos tipos de instrucciones.

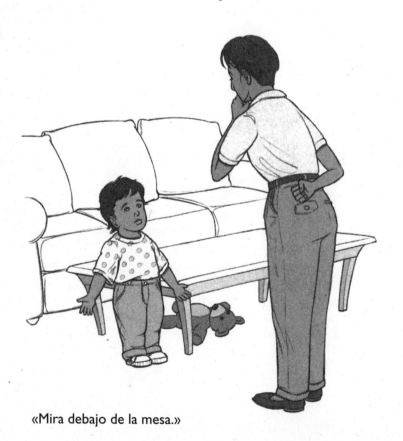

«Mira debajo de la mesa.»

Cómo dar instrucciones

Para aplicar este método, capta la atención de tu hijo y dale una instrucción sencilla. Puedes decirle que haga algo con relación a sí mismo («Mirá detrás de ti») o en relación a un objeto («Mira debajo de la mesa» o «Pon los juguetes dentro de la caja»). Cuando le hables procura utilizar las siguientes palabras: «dentro», «encima», «debajo», «enfrente», «detrás», «junto a» y «alrededor».

Muy pronto, la aplicación de estos cinco métodos para aprender a hablar se convertirá en un hábito, en una manera especial de relacionarte con tu hijo. La comunicación debe formar parte de todo lo que hagáis juntos. Como las semillas que se plantan en un jardín, la capacidad de comprensión de un niño se debe cultivar para que madure y florezca.

Ahora vamos a poner en práctica estos cinco métodos en una visita al supermercado, un lugar al que la mayoría de los padres van al menos una vez por semana. Con tu hijo sentado en el carrito frente a ti tendrás muchas oportunidades para hablar con él.

Cómo aprenden los niños

La mayoría de los niños aprenden nuevas capacidades en todos los aspectos del desarrollo en un orden específico. Del mismo modo que por lo general gatean antes de andar, al aprender los colores, las formas, los tamaños, las texturas y los números comienzan con tareas sencillas y van progresando hasta dominar las más complejas.

❐ Color

Como sucede con otras palabras, los niños deben entender los nombres de los colores antes de poder decirlos. El primero que suelen aprender es su color favorito. Luego comienzan a relacionar colores y a señalarlos. Y por último aprenden a decir los nombres de los colores.

«Dime qué fruta es amarilla.»

«Esta botella es grande, ésta es más grande
y ésta es la más grande.»

❑ Tamaño

Los niños comienzan a asimilar el concepto de tamaño encajando objetos; es decir, poniendo objetos pequeños dentro de otros más grandes. Luego aprenden a reconocer y clasificar las cosas de acuerdo con su tamaño (todas las tazas grandes, todas las tazas pequeñas) y después a identificar de qué tamaño es algo (grande, pequeño). Poco después comienzan a utilizar estos términos en sus conversaciones.

«Coge dos cajas de pasta, por favor.»

❑ Números

Primero los niños aprenden qué significa «uno», y lo demuestran cogiendo o dándote un objeto. Luego aprenden el «dos», y a partir de ahí siguen haciendo progresos. En primer lugar aprenden a agrupar una serie de objetos, después son capaces de reconocer cuántas cosas hay en un grupo, y por último aprenden a contar objetos en voz alta.

❐ Forma

Los investigadores han comprobado que al nacer los niños son capaces de distinguir círculos, cuadrados y triángulos. La forma es uno de los elementos que permite reconocer mejor las diferencias entre varios objetos. Según los expertos los bebés ven el mundo como un rompecabezas, y deben comprender dónde va cada objeto; por ejemplo, los zapatos se ponen en los pies, y los guantes en las manos. Cuando un niño comienza a hacer puzzles aplica lo que ha aprendido sobre las formas hasta ese momento.

«Las botas se ponen en los pies.»

❏ **Textura**

Algunos expertos creen que los niños pueden distinguir algunas texturas desde que nacen. En una serie de estudios realizados con bebés, estos reaccionaron de un modo diferente cuando les dieron tetinas lisas y rugosas. Los niños son más sensibles a las texturas cuando desarrollan su capacidad motriz y aprenden a tocar, mover y agarrar objetos.

«La esponja es blanda, la toalla es suave,
el jabón es resbaladizo.»

✆ Capítulo 5 ✆

En el supermercado

Con los cincos métodos de aprendizaje mi hijo Jake ha hecho grandes progresos. Un día que fui con él de compras puse en práctica esas ideas, y para cuando salimos del supermercado decía «manzanas» y «caja». Ahora le gusta ir de compras, porque es una ocasión especial de aprendizaje y relación para ambos.

NANCY, madre de Jake, de dieciocho meses.
Linwood, Nueva Jersey

A los adultos la palabra «supermercado» les hace evocar un gran número de imágenes, que incluyen largas colas, carros que chirrían y precios altos. Pero para un niño pequeño es un lugar extraordinario lleno de sonidos, colores brillantes y olores deliciosos. Como quizá sepas, es muy frecuente que los niños hagan trastadas en los supermercados. Algunas cosas se pueden coger con facilidad, y al parecer la franja metálica del mostrador de la carne tiene un sabor especial. Por razones de seguridad no debes perder de vista a tu hijo en ningún momento, pero puedes mantener su atención con el sonido de tu voz. Pon en práctica los cinco métodos para aprender a hablar que hemos analizado. Mientras llenes el carrito de comida puedes llenar la mente de tu hijo con cientos de palabras y frases. Si el niño va sentado en el carrito mirando hacia ti podrá ver todos tus movimientos. Piensa en ello: ¿Te gustaría estar sentado en una silla frente a alguien que no tiene nada que decir? Si le hablas a tu hijo utilizando estos métodos puedes convertir el viaje al supermercado en una experiencia única de relación y participación activa.

En las siguientes páginas encontrarás algunos ejemplos para aplicar cada uno de estos métodos y enseñar a tu hijo nuevas palabras y conceptos mientras haces las compras de la semana. Recuerda que debes seguir su ritmo y escucharle con atención.

Denominación en el supermercado

Cuando pongas las cosas en el carro puedes aprovechar la ocasión para ampliar el vocabulario de tu hijo. Al nombrar los productos le ayudarás a aprender palabras y categorías de palabras.

Para aplicar la denominación, atrae la atención del niño y di los nombres de las cosas que vayas cogiendo:

❏ Servilletas   ❏ Pescado
❏ Galletas   ❏ Uvas
❏ Zumo   ❏ Mantequilla
❏ Latas   ❏ Pan

El supermercado está organizado por categorías. Cuando dobles la esquina y comiences a recorrer un nuevo pasillo habla de los grupos de productos que veas:

❏ Frutas   ❏ Cereales

❑ Verduras   ❑ Carne
❑ Galletas   ❑ Productos lácteos
❑ Refrescos   ❑ Productos de limpieza

DESCRIPCIÓN EN EL SUPERMERCADO

En la sección de frutas y verduras encontrarás una gran variedad de colores, formas y texturas que podrás describir a tu hijo. Esta sección es también perfecta para enseñarle los números y los conceptos de cantidad con términos como más, menos, pocos, varios, uno y uno más.

Para aplicar la descripción, atrae la atención del niño y háblale de los colores de los productos que pongas en el carro:

❑ Pimientos *verdes*   ❑ Zanahorias *naranjas*
❑ Uvas *negras*   ❑ Patatas *marrones*
❑ Manzanas *amarillas*   ❑ Arándanos *azules*

Habla de las formas de los productos que veas:

❑ Vainas *planas*   ❑ Espaguetis *largos*
❑ Huevos *ovalados*   ❑ Quesos *cuadrados* y *triangulares*

❑ Galletas *redondas*   ❑ Cajas *rectangulares*

Habla de la textura de los alimentos. Si es posible, deja que el niño toque algunos.

❑ Piñas *rugosas*   ❑ Zanahorias *duras*
❑ Peras *lisas*   ❑ Bizcochos *blandos*
❑ Melocotones *suaves*   ❑ Chocolate *pegajoso*

Cuando pongas las cosas en bolsas o en el carro habla de la cantidad que cojas:

    ❑ *Una* caja de cereales   ❑ *Varias* cebollas

    ❑ *Muchas* patatas   ❑ Una bolsa *llena* de naranjas

    ❑ *Pocas* manzanas   ❑ *Una* pera *más*

Cuando recorras los pasillos habla de los sonidos que oigas:

    ❑ Una puerta que se abre y se cierra
    ❑ La música que suena por los altavoces
    ❑ Ruedas que chirrían
    ❑ Dependientes que hablan
    ❑ Cajas que se caen
    ❑ El sonido de la caja registradora

COMPARACIÓN EN EL SUPERMERCADO

La mayoría de los productos se venden en envases de distintos tamaños. Mientras empujas el carro por los pasillos debes hacer elecciones. Por ejemplo, puedes elegir una caja grande de cereales o un bote pequeño de aceitunas. Compara los productos que veas y elijas, y su situación, para que tu hijo aprenda a distinguir tamaños y conceptos opuestos.

Para aplicar la comparación, atrae la atención del niño y compara los tamaños de los productos que pongas en el carro:

    ❑ Esta bolsa es *pequeña*. Esta lata es *grande*. Esta caja es *alargada*.
    ❑ La manzana es *más pequeña* que el melón.

❏ Esta caja es *grande*. Ésta es *más grande*. Y ésta es *la más grande*.

Habla de términos opuestos utilizando como ejemplo los productos que selecciones:

❏ El helado está *frío*. La sopa está *caliente*.
❏ Las latas son *pesadas*, y las servilletas *ligeras*.
❏ Las uvas son *pequeñas*, y los melones *grandes*.

Para enseñar a tu hijo conceptos opuestos también puedes decirle que examine cajas: «Mira esta caja de cereales. En la parte de delante hay un gallo, y en la de atrás hay un niño».

También puedes enseñarle a comparar productos distintos y similares: «Mira todas estas manzanas. Éstas son iguales, y éstas son diferentes».

Además, para enseñarle conceptos opuestos puedes decirle que haga cosas opuestas: «Mira en la balda de arriba. Mira en la balda de abajo».

EXPLICACIÓN EN EL SUPERMERCADO

Cuando empujes el carro por los pasillos o pongas las cosas en la cinta de la caja explícale a tu hijo lo qué está ocurriendo para que comprenda el orden lógico de los sucesos y las acciones verbales. En los supermercados, los productos que se usan juntos suelen estar en la misma sección. Señálalos y explica a tu hijo cómo se utilizan para que sepa qué relación hay entre ellos.

Para aplicar este método, atrae la atención del niño y explícale lo que veas, hagas y pienses mientras andas por los pasillos.

Para ayudarle a comprender el orden lógico de los sucesos utiliza adverbios temporales:

❐ *Primero* hacemos las compras. Y *luego* vamos a comer.
❐ *Ahora* puedes comer una galleta. Las otras son para *después*.
❐ *Enseguida* iremos a casa y veremos a Tom.

Para ayudarle a comprender que algunas cosas están relacionadas, habla de ellas cuando las pongas en el carro o las veas en las baldas:

❐ Pan y mantequilla
❐ Cepillo y pasta de dientes
❐ Fresas y nata
❐ Macarrones y salsa de tomate
❐ Huevos y beicon
❐ Leche y cereales

Para ayudarle a comprender las acciones verbales habla de lo que hagas en cada momento:

❐ Estoy *empujando* el carro.
❐ Estoy *tocando* las naranjas.
❐ Estoy *abriendo* la puerta del congelador.
❐ Estoy *cogiendo* una bolsa.
❐ Estoy *doblando* la esquina.
❐ Estoy *pagando* a la cajera.

INSTRUCCIONES EN EL SUPERMERCADO

Al seleccionar los productos que quieras comprar y los pongas en el carro puedes enseñar a tu hijo muchas palabras utilizando el método de las instrucciones. También puedes pedirle que te ayude cuando saques las cosas del carro y las pongas en la cinta. Siempre que puedas dale instrucciones sencillas que incluyan términos de posición. De ese modo potenciarás su participación activa y le ayudarás a comprender los conceptos espaciales.

Para aplicar este método, atrae la atención del niño y dile que haga algo sencillo utilizando adverbios de lugar:

❏ Pon la manzana *dentro* de la bolsa.
❏ Mira cómo pongo la comida del perro *debajo* del carro.
❏ Pon los cereales *junto* a las manzanas.
❏ Pon el pan *detrás* de ti.
❏ Mira este *lado* la caja.
❏ Mira las jaulas que hay *encima* de tu cabeza.

 EJERCICIO VERBAL

Ejemplo de un padre que utiliza con su hijo los cinco métodos de aprendizaje en una visita al supermercado:

Adulto: «Vamos a comprar unas manzanas. Manzanas rojas y manzanas verdes. A mí me gustan las verdes. Primero abro la bolsa y después cojo las manzanas. Son redondas y brillantes. Una, dos, tres y cuatro manzanas. Las meto dentro de la bolsa y cierro la bolsa. Ponla detrás de ti».

¿Ves cómo se pueden aplicar estos cinco métodos de un modo natural? Este padre ha ayudado a su hijo a aprender nombres (manzana, bolsa), colores (rojo, verde), formas (redondas), números (uno, dos, tres, cuatro), conceptos espaciales (dentro, detrás) y el orden lógico de los sucesos (primero, después).

La próxima vez que vayas al supermercado con tu hijo utiliza estos cinco métodos de aprendizaje. Tardarás un poco más en hacer la compra, pero los resultados merecerán la pena. En los supermercados se puede llevar a cabo un gran número de actividades educativas.

En el siguiente capítulo veremos cómo se pueden aplicar estos métodos en el parque.

✦ Capítulo 6 ✦

En el parque

Al oír aquellos ruidos corrí hacia la lavadora. Enseguida me di cuenta de que mi hija y su abuela habían vuelto del parque con algo más que polvo y tierra. Sin embargo, las cuatro piedras que había en el fondo de la lavadora resultaron muy útiles para el desarrollo verbal de mi hija. Hablamos de los distintos colores, formas y texturas, y de que las dos más grandes eran iguales. Y comenzó a tomar decisiones al decidir cuál le gustaba más cada día. Le encanta elegir, contar, describir y clasificar piedras, y cada vez que vamos al parque amplía su colección y aprende cosas nuevas.

MARIA, madre de Christine, de tres años.
Harrisburg, Pennsylvania

Los psicólogos afirman que a través del juego los niños exploran el mundo y aprenden a relacionarse con él. Los parques son unos lugares estupendos para enseñar a los niños a hablar. En este capítulo veremos cómo puedes aplicar los cinco métodos de aprendizaje mientras juegas con tu hijo en los columpios o simplemente das un paseo con él.

Las primeras salidas se suelen hacer en una sillita o en una mochila a un parque cercano. Mientras tu hijo disfruta del sol y el aire fresco puedes hablarle de lo que veas y de lo que hagan otras personas. Por ejemplo puedes pararte, acercar tu cara a la suya y dirigir su atención hacia un avión que pasa por encima o a una ardilla que trepa a un árbol.

A medida que crezca tu hijo tendrá cada vez más fuerza y movilidad. Puesto que a la mayoría de los niños les encanta investigar, también puedes utilizar estos cinco métodos para centrar su atención en actividades más seguras. Por otro lado, las relaciones sociales que establezca serán muy beneficiosas, porque, según los expertos, además de aprender de sus padres los niños de todas las edades aprenden observando a los demás.

Denominación en el parque

Cuando tu hijo señale, gruña o eche a correr hacia las cosas que le llamen la atención dile cómo se llaman para que comience a aprender nombres.

Los estudios indican que a los dos años y medio aproximadamente los niños empiezan a disfrutar jugando con otros. Utiliza el método de la denominación para ayudar a tu hijo a desarrollar sus capacidades lingüísticas y sociales. Enséñale a saludar a la gente y a hacer presentaciones usando nombres: «Nick, ésta es Anna. Hola, Anna». El parque es también un lugar formidable para aprender categorías.

Para aplicar este método, capta la atención del niño y dile cómo se llaman las cosas que vea o utilice:

❑ Tobogán   ❑ Arena
❑ Escalera   ❑ Arbusto

❏ Laberinto   ❏ Mamá

❏ Barra   ❏ Balancín

Cuando pasees por el parque habla de los grupos de cosas que veas:

❏ Aparatos para jugar (columpio, cajón de arena, balancín)
❏ Animales (perros, pájaros, ardillas)
❏ Plantas (arbustos, árboles, flores, hierba)

DESCRIPCIÓN EN EL PARQUE

Cuando juegues en el parque con tu hijo describe los elementos de la naturaleza para que aprenda colores, texturas, formas, tamaños y sonidos. Puesto que habrá varios ejemplos de cada tipo (árboles, animales o niños), también puedes contar las cosas que veas para enseñarle los números y los cuantificadores.

Para aplicar este método, capta la atención del niño y háblale de los colores que haya a tu alrededor:

❏ Hierba *verde*   ❏ Flores *amarillas*
❏ Cielo *azul*   ❏ Pájaro *rojo*
❏ Nubes *blancas*   ❏ Tierra *marrón*

Habla de las formas que veas en el parque:

❏ Tiovivo *redondo*   ❏ Barras *largas*
❏ Arbusto *ovalado*   ❏ Escalones *cortos*
❏ Asientos *cuadrados*   ❏ Túnel *redondo*

Habla de la textura de las cosas que haya en el parque:

❏ Columpio
   resbaladizo   ❏ Piedras *lisas*

❏ Barras *frías*   ❏ Árbol *rugoso*

❏ Tierra *blanda*   ❏ Arena *suave*

Cuando tu hijo juegue en los columpios, utiliza términos de cantidad:

❏ *Cinco* viajes en el tobogán
❏ *Seis* escalones
❏ *Pocos* niños
❏ *Una* vuelta *más* en el tiovivo
❏ *Varios* niños en el laberinto
❏ *Dos* árboles

Describe con palabras los sonidos que oigas:

❏ El trino de los pájaros
❏ El sonido de las bocinas
❏ Las risas de los niños
❏ El chirrido de los columpios
❏ El zumbido de los motores
❏ El chirriar de los frenos

COMPARACIÓN EN EL PARQUE

Mira a tu alrededor y habla de las semejanzas y las diferencias de las cosas que tu hijo vea para que aprenda a distinguir tamaños y conceptos opuestos.

Para aplicar este método, capta la atención del niño y compara el tamaño de las cosas que vea y utilice:

❏ La barra es *corta*. El laberinto es *alto*. El columpio es *ancho*.

❏ El arbusto es *más pequeño* que el árbol.

❏ Ese niño es *grande*, ése es *más grande* y ése es *el más grande*.

Habla de términos opuestos usando como ejemplo las cosas que haya en el parque:

❏ Este tobogán es *curvo*, y aquel es *recto*.

❏ Los perros son *ruidosos*, y los mosquitos *silenciosos*.

❏ La arena está *cerca*. El columpio está *lejos*.

Para enseñar a tu hijo conceptos opuestos también puedes comparar sus acciones:

❏ Te estás columpiando *hacia adelante* y *hacia atrás*.

❏ Estabas *corriendo*. Y ahora estás *parado*.

❏ Estás andando *deprisa*, y ahora andas *despacio*.

EXPLICACIÓN EN EL PARQUE

Al explicar a tu hijo lo que pienses, hagas y veas en el parque aprenderá a hablar por turnos, utilizar el sentido común, tomar decisiones y resolver problemas. También puedes enseñarle las normas de seguridad básicas, así como el orden lógico de los sucesos, las acciones verbales y la relación que hay entre algunas cosas.

Para aplicar este método, capta la atención del niño y explícale lo que veas, hagas y pienses mientras paseáis por el parque o jugáis en los columpios.

Para ayudarle a comprender el orden lógico de los sucesos, utiliza adverbios de tiempo:

❏ *Primero* subes al tobogán. Y *luego* bajas.
❏ Él es el *primero*. Tú eres el *último*.
❏ Tú vas *después* de la niña.

Para ayudarle a comprender las acciones verbales, habla de lo que hagas mientras juegues con él:

❏ Estoy *empujando* el columpio.
❏ No podemos *pasar* por delante de un columpio que se está moviendo.
❏ Para *subir* nos *agarramos* a la barandilla.

Para ayudarle a comprender las acciones verbales también puedes hablar de los animales que veas:

❏ Los perros *corren*.   ❏ Los perros *saltan*.
❏ Los gatos *trepan*.   ❏ Los insectos *caminan*.
❏ Las ardillas *comen*.   ❏ Los pájaros *vuelan*.

Para ayudarle a comprender que algunas cosas están relacionadas, habla de cosas que sean similares o se usen juntas:

❏ Bate y pelota   ❏ Niño y niña
❏ Tobogán y escalera   ❏ Cubo y arena
❏ Perro y correa   ❏ Bebé y sillita

INSTRUCCIONES EN EL PARQUE

Cuando des instrucciones a tu hijo en el parque, le ayudarás a aprender conceptos espaciales y normas de seguridad para cuando sea más independiente. Y también puedes enseñarle a identificar sonidos.

Para aplicar este método, capta la atención del niño y dile que haga algo sencillo utilizando términos de posición:

❏ Mira *encima* de tu cabeza.
❏ *Baja* por el tobogán.
❏ Mira *detrás* del tobogán. ¿Ves a los niños que se están riendo? Escucha.

EJERCICIO VERBAL

Ejemplo de un padre que utiliza con su hijo los cinco métodos de aprendizaje en una salida al parque:

Adulto: «Estás en un columpio. Tú estás delante y yo estoy detrás de ti. Te estoy empujando hacia adelante y hacia atrás, cada vez más alto. Uno, dos, tres, cuatro, cinco. Una vez más y nos paramos. Ha sido muy divertido. ¿Qué quieres hacer después?».

¿Ves cómo se pueden aplicar estos cinco métodos jugando con los niños en el parque? El padre del ejemplo mencionado en el recuadro ha ayudado a su hijo a aprender conceptos espaciales (delante, detrás), conceptos opuestos (hacia adelante, hacia atrás), términos comparativos (más alto), conceptos de cantidad (uno, dos, uno más) y el orden lógico de los sucesos (después).

A medida que pase el tiempo observarás que tu hijo tiene cada vez más fuerza y es más independiente. Pero, como has podido comprobar, jugando en el parque puede desarrollar su capacidad física y mental. Si te escucha hablar aprenderá el significado de palabras y conceptos, normas básicas de seguridad y otras capacidades muy útiles con las que podrá expresar sus sentimientos, utilizar el sentido común, tomar decisiones y resolver problemas.

En el siguiente capítulo veremos cómo se pueden aplicar estos métodos en el coche.

Capítulo 7

En el coche

A David, de veinticuatro meses, lo sentaron en la si-llita del coche un sábado por la mañana. Toda la familia estaba entusiasmada preparándolo todo para ir a casa de la abuela. La madre de David me dijo que se quedó sor-prendida al oír una vocecita que venía del asiento trasero: «¿Dónde vamos?». Nadie le había explicado adónde iban ni a quién iban a ver. Habían dejado pasar una extraor-dinaria oportunidad de aprendizaje.

Mucha gente cree que el tiempo que pasa conduciendo es tiempo perdido. Sin embargo, para un niño pequeño puede ser una ocasión estupenda para aprender a hablar. Y para los que ya van a la escuela es un lugar perfecto para reforzar lo que han aprendido en clase. Cuando conduces ves números, letras, palabras y símbolos por todas partes. Al principio qui-zá te sientas un poco ridículo hablando en el coche con el niño detrás y la vista puesta en la carretera. Pero debes recor-dar que de ese modo ayudarás a tu hijo a desarrollar sus capa-cidades lingüísticas y su conocimiento del mundo.

Las sugerencias que se incluyen en este capítulo no están

indicadas para viajes largos. Si tu hijo no se duerme con el ruido del motor, para mantenerle entretenido tendrás que planificar otro tipo de estrategia. Las ideas que se exponen a continuación son para los trayectos cortos que se suelen hacer a diario con los niños. Utiliza una silla segura desde la que tu hijo tenga una buena vista. Y si hay más de un adulto, haced turnos para ir en el asiento trasero. Cuando los niños son muy pequeños es más fácil mantener su atención sentado junto a ellos.

Puesto que tú irás delante y no podrás tener contacto ocular con tu hijo, inicia el diálogo diciendo su nombre o una palabra para captar su atención, por ejemplo «mira». Si vas por una autopista y no hay nada interesante que comentar recita una rima, cuenta en voz alta, canta la canción favorita de tu hijo o habla de una excursión al parque o al zoo. Incluso puedes recitar en voz alta la lista de la compra: «Necesitamos fruta: manzanas, plátanos y peras. También hay que comprar verduras: cebollas, tomates y apio. Y bebidas: leche, zumo de naranja y té». Si el niño se anima a participar recuerda que debes seguir su ritmo y escucharle con atención.

Denominación en el coche

El coche familiar no es sólo un medio de transporte para ir al supermercado, a la tintorería y al dentista; también es un lugar extraordinario para enseñar a los niños una gran variedad de imágenes y sonidos. En el campo puedes señalar y nombrar todo tipo de plantas y animales, y en la ciudad verás cientos de personas, vehículos y edificios. Si normalmente vas con prisa puedes cambiar de ruta de vez en cuando para ver otras imágenes y potenciar la capacidad de aprendizaje de tu hijo.

Para aplicar este método, atrae la atención del niño y di los nombres de las cosas que veas al pasar:

❏ Coche   ❏ Oficina de correos
❏ Señal   ❏ Tren
❏ Casa   ❏ Autobús
❏ Escuela   ❏ Hombre

Habla de las señales y de los carteles publicitarios que haya en la carretera y lee los números.

Di los nombres de las calles por las que pases y especifica si es una avenida, un paseo, una ronda o una travesía.

Puesto que el mundo está organizado por categorías, cuando vayas en el coche puedes aprovechar la ocasión para enseñar a tu hijo grupos de palabras. Habla de los grupos de cosas que veas mientras conduces:

❏ Vehículos (coches, autobuses, camiones, motocicletas, furgonetas, ambulancias, coches de bomberos, coches de policía)
❏ Señalizaciones de tráfico (semáforos, señales de stop, cruce, ceda el paso)
❏ Partes del coche (volante, asientos, luces, radio, limpiaparabrisas, cinturones de seguridad)

Habla de las subcategorías que haya en cada grupo. Por ejemplo, después de hablar de los vehículos en general, nombra los que sirven para ayudar a la gente, como las ambulancias y los coches de bomberos.

DESCRIPCIÓN EN EL COCHE

Al describir lo que veas ayudarás a tu hijo a aprender colores, formas y conceptos de cantidad. También puedes hablar de los sonidos que oigas dentro y fuera del coche.

Para aplicar este método, atrae la atención del niño y habla de las cosas que haya a los lados de la carretera.

Habla de los colores de las cosas que veas:

- ❏ Señal de stop *roja*
- ❏ Semáforo *verde*

- ❏ Raya *amarilla*

- ❏ Casa *blanca*
- ❏ Postes de teléfono *marrones*

- ❏ Tejados *negros*

Habla de las formas de las cosas que veas:

- ❏ Ruedas *redondas*
- ❏ Nubes *ovaladas*

- ❏ Casas *rectangulares*

- ❏ Pinos *triangulares*
- ❏ Señales con forma de *rombo*

- ❏ Ventanas *cuadradas*

Cuenta las cosas que veas mientras conduces y utiliza términos de cantidad:

- ❏ *Un* semáforo
- ❏ *Tres* personas que cruzan la calle
- ❏ *Varias* personas en un coche
- ❏ *Muchas* tiendas
- ❏ *Una* calle *más*
- ❏ *Pocos* pájaros

Habla de los sonidos que oigas dentro y fuera del coche:

- ❏ El zumbido de los motores
- ❏ La música que suena en la radio
- ❏ El sonido de las sirenas
- ❏ El pitido de los semáforos

❐ Los golpes de las puertas de los coches
❐ El sonido de las bocinas

COMPARACIÓN EN EL COCHE

Compara las cosas que veas a tu alrededor cuando vayas conduciendo o te detengas en un semáforo para que tu hijo aprenda a identificar tamaños y conceptos opuestos.

Para aplicar este método, atrae la atención del niño y compara el tamaño de las cosas que veas al pasar:

❐ Este coche es *pequeño*, y aquél es *grande*.
❐ Esa señal es *pequeña*, ésa es *más pequeña* y ésa es *la más pequeña*.
❐ El autobús es *más largo* que el taxi.

Habla de las semejanzas y las diferencias de las cosas que veas:

❐ Ese coche es del mismo color que el nuestro.
❐ El camión es de distinto color que el autobús.
❐ La flecha de la señal es curva. La de la furgoneta es recta.

Habla del tiempo:

❐ Ayer *llovió*. Hoy hace *sol*.
❐ En invierno hace *frío*. En verano hace *calor*.
❐ En invierno hace más *viento* que en verano.

EXPLICACIÓN EN EL COCHE

Antes incluso de salir de casa puedes explicar a tu hijo lo que pienses hacer para que comprenda el orden lógico de los sucesos. Dile adónde vais a ir, qué haréis allí y a quién podréis ver. Para ayudarle a comprender las acciones verbales, habla de lo que estéis haciendo ahora y de lo que haréis al llegar a vuestro destino.

Para aplicar este método, capta la atención del niño y explícale por qué estáis en el coche.

Habla de lo que vayáis a hacer. Utiliza adverbios temporales para ayudarle a comprender el orden lógico de los sucesos:

❏ *Primero* iremos a la oficina de correos, y *luego* iremos a la gasolinera.
❏ *Ahora* vamos al supermercado. *Después* iremos a jugar con Tom.
❏ Volveremos a casa *enseguida*.

Explícale por qué vais a esos lugares:

❏ Vamos a la oficina de correos porque tenemos que comprar sellos.
❏ Vamos a parar en la gasolinera porque tenemos que echar gasolina al coche.
❏ Vamos al supermercado porque necesitamos leche y pan.

Habla de lo que haréis al llegar a vuestro destino:

❏ En la oficina de correos compraremos sellos.
❏ En la gasolinera echaremos gasolina al coche.
❏ En el supermercado compraremos pan y leche.

Habla de las personas y de las cosas que podáis ver:

☐ Veremos muchos buzones donde los carteros echan las cartas.

☐ Veremos surtidores de gasolina.

☐ Veremos todo tipo de alimentos.

Dile cuánto tardaréis en llegar y cuándo volveréis a casa:

☐ Es un viaje corto. Enseguida volveremos a casa para comer.

☐ Tardaremos un rato, pero jugaremos con Tom al volver a casa.

☐ Iremos a cuatro tiendas y luego volveremos a casa para preparar la cena.

Habla de lo que estés haciendo o vayas a hacer para llegar a vuestro destino:

☐ Estoy saliendo a la carretera.

☐ Estoy girando a la derecha.

☐ Estoy girando a la izquierda.

☐ Voy a seguir todo recto.

☐ Voy a parar.

☐ Voy a aparcar el coche junto a la oficina de correos.

INSTRUCCIONES EN EL COCHE

Mientras vayas conduciendo habla de la gente y de las cosas que veas al pasar. Dale a tu hijo instrucciones sencillas que incluyan términos de posición para ayudarle a comprender los conceptos espaciales. Si te detienes en un semáforo o en un stop puedes girar la cabeza para señalar las cosas de las que vayas a hablar. Cuando estés conduciendo dile a tu hijo que mire por la ventanilla y coméntale lo que veas.

Para aplicar este método, atrae la atención del niño y dile que haga algo sencillo:

- ❏ Mira qué perro hay en el coche que va delante.
- ❏ Mira el coche que hay a la derecha. Es azul.
- ❏ Mira por la ventanilla. ¿Ves ese pájaro?

EJERCICIO VERBAL

Ejemplo de un padre que utiliza con su hijo los cinco métodos de aprendizaje mientras va conduciendo:

Adulto: «Vamos a la pastelería porque tenemos que comprar una tarta para el cumpleaños de Tom. Mira qué perro hay en el coche de atrás. Asoma la cabeza por la ventanilla. Mira, en la esquina hay una señal de stop de color rojo. Voy a parar para mirar a los dos lados. ¿Ves ese rótulo amarillo? Es la pastelería».

¿Ves cómo se pueden aplicar estos métodos cuando se va en el coche con un niño? Este padre ha ayudado a su hijo a aprender el orden lógico de los sucesos, conceptos espaciales (esquina, atrás), conceptos opuestos (en, fuera) y colores (rojo, amarillo).

En algunos trayectos puedes centrarte sólo en una idea o concepto. Por ejemplo, puedes decirle a tu hijo que señale todos los círculos que vea, que busque cosas de un color específico, que cuente los animales, que hable de los sonidos que oiga o que busque flechas y diga hacia dónde señalan. Hay infinidad de posibilidades.

En el siguiente capítulo veremos cómo se pueden aplicar estos métodos en casa.

✑ Capítulo 8 ✑

En casa

Compramos nuestra primera casa cuando mi hijo te-
nía dos años. Necesitaba muchas reparaciones, y recuerdo
que él me iba siguiendo con sus herramientas de plástico y
preguntaba «¿Qué es eso?». Mientras yo martilleaba,
raspaba y pintaba respondía a sus preguntas e iba comen-
tando lo que hacía. En consecuencia, con tres años sabía
los nombres de casi todas las herramientas y era capaz de
decirme si la pared estaba lisa o rugosa. Había encontrado
una manera de estar con mi hijo, estimular su capacidad
verbal y hacer las reparaciones domésticas.

JOE, padre de dos niños.
Wildwood Crest, Nueva Jersey

No hay nada más lógico que enseñar a hablar a un niño en su
propia casa. Para tu hijo, su casa es su entorno natural, el lugar que mejor conoce y donde se siente más cómodo.

En este capítulo nos centraremos en dos actividades que
los padres realizan a diario, por lo general siguiendo las mismas pautas: vestir y bañar a los bebés. Puesto que tu hijo participa directamente en estas actividades y tiene toda tu aten-

ción, al oírte hablar de ellas día tras día será capaz de comprender el significado de tus palabras. También se incluyen algunas sugerencias para disfrutar con los niños mientras se realizan otras actividades domésticas.

DENOMINACIÓN A LA HORA DE VESTIRSE

Cuando vistas a tu hijo puedes ayudarle a desarrollar su capacidad de expresión utilizando muchas palabras diferentes. Puedes hablar de las partes del cuerpo, de los distintos tipos de ropa, de las partes de cada prenda e incluso de dónde se guardan. De esta manera le ayudarás a aprender nuevas palabras y categorías de palabras.

Para aplicar este método, capta la atención del niño y nombra las partes del cuerpo mientras le vistes:

- ❏ Cabeza
- ❏ Nariz
- ❏ Orejas
- ❏ Brazos
- ❏ Manos
- ❏ Piernas
- ❏ Pies
- ❏ Estómago

Di cómo se llaman las prendas que le pongas:

- ❏ Pañal
- ❏ Braguitas
- ❏ Camiseta
- ❏ Camisa
- ❏ Pantalones
- ❏ Calcetines
- ❏ Zapatos
- ❏ Jersey

Relaciona cada prenda con la parte del cuerpo correspondiente:

- ❏ Ponte la camiseta por encima de la cabeza.

❏ Los calcetines se ponen en los pies.
❏ El cinturón va alrededor de la cintura.
❏ Mete las piernas en los pantalones.
❏ El gorro se pone en la cabeza.
❏ Ponte los guantes en las manos.

Habla de las partes de cada prenda:

❏ Manga   ❏ Ojal
❏ Cuello   ❏ Puño
❏ Cremallera   ❏ Cordones
❏ Botón   ❏ Capucha

La ropa se ordena por categorías. Cuando saques las prendas que necesites comenta dónde se guarda cada cosa:

❏ Los vestidos se cuelgan en el armario.
❏ Las camisetas se guardan en la cómoda.
❏ Los zapatos se ponen dentro del zapatero.
❏ La ropa sucia se echa al cesto.
❏ Los abrigos van en el armario.
❏ Los calcetines se guardan en el tocador.

DESCRIPCIÓN A LA HORA DE VESTIRSE

Al describir a tu hijo la ropa que le pongas le enseñarás colores, tamaños, formas y texturas. Habla de las prendas que vayan a pares para ayudarle a aprender conceptos de cantidad.

Para aplicar este método, atrae la atención del niño y habla de los colores de las prendas, de los tonos y de los dibujos:

- ❐ Camisa *azul claro*
- ❐ Abrigo *verde oscuro*
- ❐ Zapatillas *rojas*
- ❐ Falda de *cuadros*
- ❐ Pantalones de *rayas*
- ❐ Calcetines de *topos*

Habla de la textura de las prendas:

- ❐ Jersey *liso*
- ❐ Pana *suave*
- ❐ Camisa *fina*
- ❐ Vaqueros *duros*
- ❐ Cintura *elástica*
- ❐ Gorro *grueso*

Cuenta las piezas de cada una de las prendas:

- ❐ *Dos* zapatos
- ❐ *Dos* guantes
- ❐ *Una* camisa
- ❐ *Un* jersey
- ❐ *Un* abrigo
- ❐ *Un* par de pantalones

Cuenta el número total de prendas que le pongas a tu hijo.

Habla de los números o las letras que haya en la ropa y del número de la etiqueta interior que indique la talla.

Habla de los dibujos que haya en las prendas y de las formas que las compongan.

Habla de las diferentes partes de cada prenda:

- ❐ Cremallera *larga*
- ❐ Botones *cuadrados*
- ❐ Corchete *redondo*
- ❐ Jersey *ancho*
- ❐ Botas *brillantes*
- ❐ Gorro *azul*

COMPARACIÓN A LA HORA DE VESTIRSE

Cuando vistas a tu hijo puedes enseñarle a identificar tamaños y conceptos opuestos. Habla del tamaño de su ropa y de la de otros miembros de la familia. Compara prendas u otros objetos que haya en su habitación para ayudarle a comprender conceptos opuestos.

Para aplicar este método, atrae la atención del niño y compara los tamaños de distintas prendas:

❒ Los pantalones son *más largos* que las bermudas.

❒ Esta camisa es *larga*, ésta es *más larga* y ésta es *la más larga*.

❒ Este vestido es *muy ancho*.

Habla de conceptos opuestos usando la ropa como ejemplo:

❒ Estos zapatos son *nuevos*, y éstos son *viejos*.

❒ Estos calcetines están *sucios*, pero éstos están *limpios*.

❒ Calcetines de *motas*

❒ En la parte de *delante* de la camisa hay botones. En la de *atrás* no.

Para enseñar a tu hijo conceptos opuestos también puedes hablar de las semejanzas y las diferencias entre tu ropa y la suya o utilizar los muebles como ejemplo:

❒ El cajón de arriba está *abierto*. El de abajo está *cerrado*.

❒ *Abre* la puerta del armario. Ahora *cierra* la puerta del armario.

❒ Este cajón está *lleno*, pero este otro está *vacío*.

EXPLICACIÓN A LA HORA DE VESTIRSE

Al explicar a tu hijo cómo le vistes le ayudarás a comprender el orden lógico de los sucesos, las acciones verbales y la relación que hay entre algunas cosas. Para vestirle realizas una serie de acciones previsibles al menos dos veces al día. Habla de lo que estés haciendo y de lo que ocurrirá después.

Para aplicar este método, atrae la atención del niño y explícale de qué manera le vistes.

Para ayudarle a comprender el orden lógico de los sucesos, utiliza conceptos temporales:

❑ *Primero* te pongo los calcetines y *después* los zapatos.
❑ *Ahora* te pondrás el abrigo y *luego* los guantes.
❑ *Después* de vestirnos iremos a desayunar.

Habla de las prendas que vayan juntas:

❑ Gorro y abrigo
❑ Calcetines y zapatos
❑ Camisa y pantalones
❑ Impermeable y botas de goma
❑ Braguita y camiseta
❑ Blusa y jersey

Para ayudarle a comprender las acciones verbales, habla de lo que hagas mientras le vistas:

❑ *Subimos* los pantalones.
❑ *Levantas* los brazos.
❑ *Abrochamos* los botones.
❑ *Ponemos* el gorro en la cabeza.
❑ *Cerramos* la cremallera.
❑ *Atamos* los zapatos.

INSTRUCCIONES A LA HORA DE VESTIRSE

Cuando vistas a tu hijo, dale instrucciones sencillas para que participe de una manera activa y aprenda conceptos espaciales.

Para aplicar este método, atrae la atención del niño y dile que haga algo sencillo. Utiliza términos de posición:

❏ Mira cómo te pongo el zapato *en* el pie.

❏ Mete el brazo *dentro* de la manga.

❏ Ayúdame a ponerte el jersey por *encima* de la cabeza.

 EJERCICIO VERBAL

Ejemplo de un padre que utiliza los cinco métodos de aprendizaje mientras viste a su hijo:

Adulto: «Voy a ponerte los calcetines y los zapatos. Dos calcetines blancos. Dame el pie. Primero los calcetines. Te los quito y te los pongo. Ya están. Después te pongo los zapatos. Te estoy atando los cordones para que no te caigas».

Este padre ha ayudado a su hijo a aprender nombres (zapatos, calcetines, pie), colores (blanco), números (uno, dos), el orden lógico de los sucesos (primero, después), acciones verbales (atar, caer) y conceptos opuestos (quitar, poner).

En la segunda parte de este capítulo veremos cómo se pueden aplicar estos métodos a la hora del baño. La bañera es un lugar estupendo para desarrollar el lenguaje. A la mayoría de los niños les encanta bañarse, y se puede aprovechar la ocasión para hablar, jugar y pasar un buen rato.

DENOMINACIÓN A LA HORA DEL BAÑO

Cuando bañes a tu hijo, nombra las partes de su cuerpo y las cosas que haya a su alrededor. Habla de los grupos de cosas que estén relacionadas para que aprenda categorías de palabras.

Para aplicar este método, capta la atención del niño y dile cómo se llaman las cosas que utilices:

❐ Pato de goma   ❐ Desagüe
❐ Jabón   ❐ Bañera
❐ Toalla   ❐ Agua
❐ Esponja   ❐ Champú

Di los nombres de las partes del cuerpo cuando le laves o le seques.

Habla de los grupos de cosas relacionadas con el baño:

❐ Juguetes (pato de goma, cubo, barquito)
❐ Partes del cuerpo (brazo, pie, nariz)
❐ Partes de la bañera (grifo, desagüe, alfombrilla)

DESCRIPCIÓN A LA HORA DEL BAÑO

Cuando bañes a tu hijo, describe los objetos que utilices para enseñarle colores y texturas. Y cuenta las partes de su cuerpo para que aprenda conceptos de cantidad.

Para aplicar este método, atrae la atención del niño y habla de los colores de los objetos del baño:

❐ Jabón *verde*   ❐ Cortina *azul*
❐ Pato *amarillo*   ❐ Cubo *rojo*
❐ Toalla *blanca*   ❐ Champú *amarillo*

Habla de la textura de esos objetos:

❐ Jabón *resbaladizo*   ❐ Bañera *dura*
❐ Toalla *suave*   ❐ Bote de champú *liso*
❐ Esponja *blanda*   ❐ Grifo *frío*

La hora del baño es una ocasión estupenda para aprender

los números. Cuando laves a tu hijo cuenta las partes de su cuerpo:

❐ *Un* brazo, *dos* brazos
❐ *Un* dedo, *dos* dedos, *tres* dedos... *diez* dedos
❐ *Una* nariz
❐ *Una* pierna, *dos* piernas
❐ *Una* oreja, *dos* orejas

COMPARACIÓN A LA HORA DEL BAÑO

Cuando bañes a tu hijo, haz comparaciones para que aprenda a distinguir tamaños y conceptos opuestos. También puedes hablar de las partes del cuerpo.

Para aplicar este método, atrae la atención del niño y compara los tamaños de varios objetos:

❐ La toalla es *más grande* que la manopla.
❐ El jabón es *más pequeño* que el bote de champú.
❐ Este barco es *grande*, éste es *más grande* y éste es *el más grande*.

Habla de conceptos opuestos:

❐ Tienes las manos *sucias*. Después de lavarlas estarán *limpias*.
❐ La bañera está *vacía*. Vamos a abrir el grifo y enseguida estará *llena* de agua.
❐ Estás *fuera* de la bañera. Métete *dentro*.

EXPLICACIÓN A LA HORA DEL BAÑO

Para tomar un baño, como para vestirse, se realizan una serie de acciones previsibles. Habla de lo que estés haciendo ahora y de lo que vayas a hacer después. Si le explicas a tu hijo lo que hagas y veas le ayudarás a comprender las acciones verbales y la relación que hay entre algunas cosas.

Para aplicar este método, capta la atención del niño y explícale lo que hagas mientras le bañes.

Para ayudarle a comprender el orden lógico de los sucesos, utiliza conceptos temporales:

- ❏ *Primero* vas a tomar un baño, y *luego* te pondrás la ropa.
- ❏ *Primero* voy a mojarte el pelo. Y *luego* voy a ponerte el champú.
- ❏ *Antes* del baño estás sucio, pero *después* estarás limpio.

Si le bañas por la mañana, habla de lo que vayáis a hacer más tarde. Si le bañas por la noche, habla de lo que hayáis hecho durante el día o de lo que piensas hacer al día siguiente.

Habla de las cosas que se utilicen juntas durante o después del baño:

- ❏ Gel y esponja
- ❏ Agua y barquito
- ❏ Cepillo y pasta de dientes
- ❏ Pelo y champú
- ❏ Peine y cepillo
- ❏ Polvos de talco y colonia

Para ayudarle a comprender las acciones verbales, habla de lo que estés haciendo en cada momento:

❏ Te estoy *lavando* la tripita.
❏ Te estoy *aclarando* el pelo.
❏ Estás *jugando* con el agua.
❏ Estás *moviendo* los dedos.
❏ Te estoy *secando* la cara.
❏ Te estoy *echando* agua.

INSTRUCCIONES A LA HORA DEL BAÑO

Si das a tu hijo instrucciones sencillas durante el baño le ayudarás a comprender los conceptos espaciales.

Para aplicar este método, atrae la atención del niño y dile que haga algo sencillo. Utiliza términos de posición:

❏ Inclina la cabeza hacia *atrás*.
❏ Pon el pato *debajo* del agua.
❏ Mete las manos *dentro* del agua.
❏ Mira hacia *arriba*.
❏ Siéntate.
❏ Pon el barco *sobre* el agua.

EJERCICIO VERBAL

Ejemplo de un padre que utiliza con su hijo los cinco métodos de aprendizaje a la hora del baño:

Adulto: «La bañera está vacía. Voy a abrir el grifo mientras te quito la camisa azul. Ahora la bañera está llena de agua. Métete dentro y busca el jabón. Está debajo del agua. Vamos a lavar los brazos. Un brazo, dos brazos. Ahora tienes los brazos limpios, pero las piernas están sucias. Vamos a lavarlas».

Estos cinco métodos de aprendizaje se pueden aplicar de un modo natural hablando con los niños durante el baño. Este padre ha ayudado a su hijo a aprender nombres (bañera, agua, jabón, brazo, piernas, camisa), colores (azul), conceptos opuestos (vacío, lleno, limpio, sucio) y conceptos espaciales (dentro, debajo).

OTRAS ACTIVIDADES DOMÉSTICAS

La vida diaria ofrece cientos de oportunidades para potenciar la capacidad verbal de los niños. No es necesario que compres juguetes caros ni hagas fichas de colores. Basta con que apliques los cinco métodos de aprendizaje (denominación, descripción, comparación, explicación e instrucciones) mientras lleves a cabo cualquier tarea doméstica. Habla a tu hijo de lo que hagas, veas, sientas y toques mientras prepares la cena, pases la aspiradora, pongas la mesa o dobles la colada. Describe lo que estés haciendo cuando hagas las camas, hornees unas galletas o le des a tu hijo un refresco. Habla del brillo del papel de aluminio y dile que mire en él su reflejo mientras prepares los sándwiches para la merienda. Hagas lo que hagas, habla sobre ello para potenciar la capacidad de aprendizaje de tu hijo. Para un niño pequeño todo lo que le rodea es nuevo, e incluso las tareas más rutinarias pueden ser una experiencia de aprendizaje. No olvides que debes seguir su ritmo y escucharle con atención.

> *La vida cotidiana proporciona los medios ideales para la estimulación mental. Hay oportunidades de aprendizaje por todas partes.*
>
> GLORIA RODRIGUEZ, fundadora y presidenta
> de Avance, programa de apoyo familiar
> de San Antonio, Texas

En este capítulo hemos visto cómo se pueden aplicar en casa los cinco métodos de aprendizaje. Como has podido comprobar, cualquier actividad que realices con tu hijo puede ser una ocasión perfecta para potenciar su capacidad de expresión. Recuerda que la comunicación debe formar parte de todo lo que hagáis juntos.

En el siguiente capítulo hablaremos de las fases de desarrollo lingüístico. También se incluyen una serie de consejos y una lista de los juguetes más adecuados para cada una de estas fases.

Capítulo 9

Fases de desarrollo del lenguaje

«¿Habla como debería hablar?»
   «¿Cuándo empezará a hablar?»
   «¿Puede comprobar si va bien?»
   A todos los padres les preocupa que sus hijos crezcan bien y desarrollen todo su potencial. Es conveniente que sepas qué puedes esperar de tu hijo en cada etapa de desarrollo. En este capítulo hablaremos de lo que hacen la mayoría de los niños a determinadas edades. Pero no olvides que se trata simplemente de pautas generales. Algunos niños desarrollan ciertas capacidades antes que otros. Lo más importante es que haya una progresión continua entre una etapa y la siguiente. Como es lógico, si tienes alguna duda respecto al desarrollo de tu hijo en cualquier aspecto deberías consultar a un profesional lo antes posible.

ANTES DE LA PRIMERA PALABRA

Aunque por lo general los niños no dicen la primera palabra hasta que tienen unos doce meses, pasan su primer año de vida preparándose para ese momento mágico aprendiendo a controlar la lengua, los labios y la respiración. El primer año de desarrollo del lenguaje se divide en tres etapas bien definidas: de cero a seis meses, de seis a nueve meses y de nueve a doce meses. Al final de esta sección encontrarás una lista de consejos y juguetes para potenciar el desarrollo lingüístico en cada uno de estos periodos.

De cero a seis meses

Desde que llegan al mundo, los bebés que nacen con una capacidad auditiva normal pueden oír los sonidos que hay a su alrededor. Para el tercer día reconocen la voz de su madre. Para el noveno siguen los sonidos con la vista. Y para el decimocuarto saben si su madre está cerca. Según los científicos esto se debe a que son capaces de reconocer la voz de su madre por el contacto físico que tienen con ella.

Los recién nacidos pueden ver la cara de sus padres y sus expresiones con claridad, puesto que la mayoría se acerca mucho para hablarles. Con un mes ya intentan responder. Abren y cierran la boca y sacan la lengua para imitar los movimientos de sus padres. Como aún no tienen fuerza en las cuerdas vocales, la boca y la lengua usan el llanto para comunicarse. Cuando lloran, ejercitan las cuerdas vocales, y alteran el tono y el volumen para comunicar si tienen hambre o si están cansados o incómodos. La mayoría de los padres aprende enseguida a reconocer el llanto de sus hijos y a responder de la manera apropiada.

Hacia los tres meses los niños controlan mejor los músculos de la boca y la laringe, e incluso pueden emitir algunos sonidos guturales. Reconocen la inflexión y el tono de voz, y parece que comprenden cuando la abuela les hace una pregunta o mamá les dice algo.

A los cinco meses pueden producir muchos sonidos. Les encanta dar gritos, y de vez en cuando se ríen a carcajadas. Algunas veces parece que están refunfuñando.

Los experimentos que hacen los bebés con la voz, o «juegos vocales», contienen muchos sonidos vocálicos, como «aa» y «ee». Estos sonidos son para ellos los más fáciles, porque aún no tienen los músculos de la garganta completamente desarrollados. Normalmente los emiten cuando la gente les habla, y algunos los pueden mantener durante mucho tiempo y en un tono muy alto. A los seis meses también pueden pronunciar sonidos con la boca parcialmente cerrada (sonidos consonánticos). A veces utilizan sólo los labios para decir «b», «m» o «p», o intentan usar la lengua para decir «d», «l» o «t». En ocasiones unen vocales y consonantes, y parece que están intentando formar sílabas («ba», «ta», «bu»). A todos los bebés les gusta hablar y jugar con los sonidos, sobre todo antes de dormirse.

EJERCICIO VERBAL

Ejemplo de un niño de cuatro meses «hablando»:

Adulto: «Voy a ponerte el gorro porque hoy hace frío en la calle».

Niño: Se fija en la cara y en los labios. «Eee-eee».

Adulto: «Eee-eee».

De seis a nueve meses

Entre los seis y los nueve meses los niños comienzan a comunicarse de verdad. Les encanta reírse a carcajadas y hacer abucheos. En esta fase empiezan a pronunciar auténticos sonidos y aprenden a unir vocales y consonantes. Sus combinaciones favoritas son «baba», «dada» y «gaga». En términos técnicos esto se denomina «balbuceo». No tienen ni idea de lo que significan los sonidos, pero les encanta hacerlos. A veces observan con atención a la gente que les habla e intentan imitar las inflexiones de su voz. De este modo descubren que pueden emitir nuevos sonidos cambiando la posición de la boca. (Para más información sobre el balbuceo véase página 107.)

EJERCICIO VERBAL

Ejemplo de un niño de nueve meses «hablando»:

Adulto: «Voy a ponerte la chaqueta porque hoy hace un poco de frío».

Niño: Mueve las piernas y las manos con entusiasmo. «Guaguagua».

Adulto: «Sí, yo también estoy contento. Vamos a jugar fuera».

De nueve a doce meses

A los nueve meses los niños son capaces de imitar muchos sonidos y unir vocales y consonantes para formar palabras que parecen tener sentido. También pueden emitir más de un sonido en cada golpe de aire y usan tonos e inflexiones reales. Reconocen dónde empiezan y terminan las palabras cuando su madre les habla. Y aunque aún no pueden decir palabras, utilizan sonidos y gestos para comunicarse. Por ejemplo, dicen «mmm» y levantan las manos cuando quieren que les cojan. Pueden señalar una manta y decir «ahaha» cuando están cansados. O mueven los brazos y las piernas con entusiasmo cuando ven un perro y quieren acercarse a él. Así es como se comunican los niños de nueve meses.

El lenguaje universal de los balbuceos

Los investigadores han llegado a la conclusión de que todos los niños emiten los mismos balbuceos («ba», «da», «ca», «ma» y «pa») sea cual sea la lengua de su entorno. Incluso los niños sordos que no pueden oír ninguna lengua pronuncian estos sonidos hasta los seis meses. Los expertos afirman que el cerebro de los niños está programado para balbucear durante los seis primeros meses de vida. A partir de ese momento comienzan a concentrarse en la lengua que habla la gente que les rodea.

Cuando están a punto de cumplir un año son capaces de aprender muchas palabras nuevas cada día. Si quieres comprobar la extensión del vocabulario de tu hijo puedes decirle: «Enséñame..» o «¿Dónde está...?». A esta edad los niños pueden señalar o coger los objetos que les piden. Además, todo indica que desarrollan la memoria con la misma rapidez que la comprensión. Por ejemplo, muchos son capaces de anticipar cuándo les, va a hacer cosquillas su madre o dónde comienza el estribillo de una canción.

Con casi un año a los bebés les gusta escuchar cómo hablan sus padres. Siguen emitiendo balbuceos, pero ahora también pueden combinar diferentes sonidos para formar palabras como «babana», «tada» y «pada». Muchas veces parece que están hablando una lengua extranjera. En términos técnicos estas expresiones se denominan «jerga». A veces elevan la voz como si estuvieran planteando una pregunta, o introducen en su parloteo palabras que parecen tener sentido.

EJERCICIO VERBAL

Adulto: «Voy a ponerte el bañador para ir a la piscina».

Niño: «Banama cada ta».

Adulto: «Sí, vamos a nadar».

Consejos y juguetes para potenciar la capacidad de expresión hasta los doce meses

Con los siguientes consejos podrás potenciar el desarrollo lingüístico de tu hijo hasta que cumpla un año:

☐ *Presta atención a los sonidos y los gestos que haga.* Averigua qué quiere decir. Expresa con palabras sus sentimientos y sus acciones. Por ejemplo, si dice «ahaaha» cuando parece cansado respóndele: «Vas a dormir porque estás cansado».

☐ *Juega con los sonidos.* Imita los gestos, los movimientos y las expresiones de tu hijo. Cuando sonría y gorjee haz lo mismo que él. Cuando balbucee («baba») repite lo que diga y añade de vez en cuando otro sonido («babaga»). También puedes variar sus expresiones alargándolas o diciéndolas en un tono más alto o más bajo. Dale la oportunidad de que te responda antes de comenzar de nuevo. Y cuando esté callado haz uno de sus sonidos favoritos para ver si te imita.

☐ *Utiliza el nombre de tu hijo.* Cuando te dirijas a él o hables de sus cosas di su nombre (la cuna de Tom, el perro de Tom). Emplea siempre la misma forma. Los expertos afirman que el hecho de usar más de una forma (Tom, Tommy, Thomas) puede confundir a los niños de esta edad.

❏ *Potencia su capacidad visual.* Ayúdale a centrar su atención en las cosas que vea. Ponte a su altura, a unos treinta centímetros de su cara, y habla con un tono agudo o haz muecas. Para este tipo de «conversaciones» también puedes utilizar un muñeco de peluche. Los niños aprenden a adoptar expresiones faciales y a pronunciar sonidos fijandose en otras personas. Los estudios indican que a los bebés les divierten las muecas.

❏ *Ayúdale a desarrollar la memoria.* Si juegas con frecuencia a los mismos juegos y cantas las mismas canciones tu hijo aprenderá enseguida a anticipar tus gestos y tus palabras. Hacia los seis meses es probable que tenga un cuento favorito. Aunque te resulte aburrido leer cuatro veces el mismo cuento en una mañana, ten en cuenta que la repetición reforzará su aprendizaje. Al escuchar las mismas frases una y otra vez aprenderá a relacionar las palabras que oiga con los dibujos que vea.

❏ *Potencia su capacidad de comprensión.* Ayúdale a comprender los siguientes conceptos para que aprenda a comunicarse con los demás:

- **Permanencia de los objetos:** un objeto sigue existiendo aunque ya no se vea. Antes de poner nombre a las cosas tu hijo debe comprender este concepto, porque en este mundo los objetos aparecen y desaparecen. De este modo logrará entender que todos los objetos tienen un nombre se vean o no.

  Para desarrollar este concepto juega al «cucú». Al principio puedes taparte la cara con algo transparente para que sepa que sigues estando ahí. También puedes dar cuerda a un juguete musical, esconderlo bajo un pañuelo o un cojín y ayudarle a encontrarlo.

  Cuando bañes a tu hijo pon en el agua un muñeco

que flote, cúbrelo con una toallita y pregúntale: «¿Dónde está el muñeco». Después levanta la toallita y di: «¡Aquí está!». Repítelo unas cuantas veces y luego anímale a que lo destape él.

- **Causa y efecto:** toda acción tiene un resultado o consecuencia. Para comprender por qué se comunica la gente, tu hijo debe saber que si hace algo puede ocurrir otra cosa. Por ejemplo, al emitir un sonido o decir una palabra conseguimos lo que queremos, y si sonreímos los demás también nos sonríen.

  Para desarrollar este concepto ayúdale a agitar llaves de plástico, sonajeros o juguetes sonoros. Anímale a jugar con muñecos o cajas sorpresa. En la bañera deja que estruje una esponja y vea cómo sale el agua. De este modo descubrirá que cuando mueve las manos pueden ocurrir determinadas cosas.

- **Finalidad:** para conseguir un objetivo es necesario planificar una serie de acciones. Este concepto lo utilizamos para componer los mensajes verbales que enviamos a otras personas.

  Para desarrollar este concepto utiliza juguetes de empujar o tirar que exijan cierta planificación para hacer que se muevan. Dile cómo se usan y luego deja al niño que juegue con ellos. Por ejemplo, emplea una pala para llenar un cubo de arena. Vacíalo y dile a tu hijo que vuelva a llenarlo.

❐ *Anímale a imitarte.* Coloca un espejo irrompible en un lado de la cuna de tu bebé. Mírate con él en el espejo y habla de las partes del cuerpo: «Veo tu nariz. Veo mi nariz». Mueve la boca, saca la lengua o hincha los carrillos y anima a tu hijo a hacer lo mismo. Imita sus sonidos y haz sonidos para que los imite. Las investigaciones indican que los niños emiten más sonidos cuando se miran en un espejo.

☐ *Anímale a hacer gestos para comunicarse.* Ponle los brazos sobre la cabeza y di «¡Muy grande!». Señala los objetos de los que hables. Expresa con palabras sus gestos. Por ejemplo, di el nombre de lo que señale. Si apunta a un perro di «Es un perro». Habla de sus expresiones corporales. Si está temblando di «¡Qué frío hace!».

☐ *Enséñale a seguir instrucciones sencillas.* Dale juguetes y dile que te los devuelva.

☐ *Enséñale las características de los objetos.* Dale cubos para encajar y explícale que unos son grandes y otros son pequeños. Juega con ellos en la bañera para demostrarle que pueden estar «llenos de agua» o «vacíos». Deja que toque una pelota o lánzasela rodando y di «Rueda porque es redonda». Ayúdale a pasar la mano por los bordes de un bloque y habla de los «bloques cuadrados». Utiliza juguetes con diferentes texturas para enseñarle a describir las cosas por su tacto (lisas, rugosas, suaves, duras). También puedes poner en una caja varias pelotas de distinto tipo (de plástico, de tenis, de lana) y decirle que las toque mientras hablas de ellas. O dejarle que coja o palpe una serie de objetos con los que no se pueda hacer daño (una esponja blanda, piedras duras, una alfombra áspera, una mesa dura).

En los capítulos 5 al 8 encontrarás actividades adicionales para ayudar a tu hijo a desarrollar sus capacidades lingüísticas y otras habilidades.

UNA Y DOS PALABRAS

Con dos años los niños aprenden a utilizar frases de una y dos palabras. El segundo año está dividido en dos etapas bien de-

finidas: de doce a dieciocho meses y de dieciocho a veinticuatro meses. Una vez más, al final de esta sección encontrarás una lista de consejos y juguetes para potenciar el desarrollo lingüístico en cada uno de estos periodos.

De doce a dieciocho meses

La mayoría de los niños dice la primera palabra hacia los doce
meses. Normalmente la primera palabra es un nombre que
han oído con frecuencia. La clave es la repetición, puesto que
deben asociar lo que ven con las palabras que oyen. Por lo general, las primeras palabras de los niños son muy similares y se
incluyen en las siguientes categorías: nombres de personas u
objetos importantes para ellos (papá, biberón), acciones verbales (comer, arriba), adjetivos (más) y expresiones sociales
(hola, adiós).

A la primera palabra le siguen muchas otras. A veces los
niños tienen problemas con la primera o la última sílaba o
consonante. Pero de todos modos los padres suelen entender
lo que dicen porque continúan haciendo gestos para expresar
sus deseos. Por ejemplo, aunque un niño diga «pero» en lugar
de «perro», como también señalará un perro estará claro lo
que quiere decir.

A los dieciséis meses la mayoría de los niños dice unas 25
palabras, pero son capaces de comprender alrededor de 170,
que incluyen verbos de acción (saltar, abrir), verbos de cam-
bio de estado (poner, dar), adjetivos (limpio, suave, sucio) y
adverbios (dónde). Pueden seguir instrucciones sencillas, y
comienzan a utilizar palabras para expresar sus necesidades.
Por ejemplo, un niño de dieciséis meses dirá «arriba» cuando
quiera que le cojan, y «más» cuando quiera más comida.

A los diecisiete meses los niños entran en la fase que los

expertos denominan «explosión nominal». Por fin se dan cuenta de que todo lo que ven y hacen tiene un nombre. Les encanta imitar las sílabas y las palabras que oyen y señalar cosas para que les digan cómo se llaman.

 EJERCICIO VERBAL

Ejemplo de un niño de catorce meses hablando:

Adulto: «Cuando te ponga el gorro iremos al parque para ver las hojas de los árboles».

Niño: «Gorro».

Adulto: «Gorro azul».

De dieciocho a veinticuatro meses

A los dieciocho meses los niños suelen decir unas 50 palabras, pero siguen comprendiendo muchas más. Además, ahora son capaces de unir dos palabras y dicen cosas como «más leche» y «mano sucia», aunque omitan los artículos y las desinencias verbales. A esta edad se produce una explosión del vocabulario, puesto que aprenden una palabra nueva cada día.

Con veinticuatro meses la mayoría de los niños dice unas 200 palabras. Suelen utilizar frases de dos o tres palabras, repiten con frecuencia el posesivo «mío», sobre todo cuando juegan con otros niños, y les encanta preguntar «¿Qué es eso?». Los niños de esta edad no pueden pronunciar aún todos los sonidos correctamente. Por ejemplo, dicen «aba» en lugar de «agua». Pero en general a los veinticuatro meses se les entiende más de la mitad de las cosas que dicen, mientras que a los dieciocho meses sólo se les entendía una cuarta parte.

EJERCICIO VERBAL

Ejemplo de un niño de veinticuatro meses hablando:

Adulto: «Voy a ponerte el gorro porque hoy hace frío en la calle».

Niño: «Mi gorro».

Adulto: «Sí, es tu gorro azul».

Consejos y juguetes para potenciar la capacidad de expresión de los doce a los veinticuatro meses

Con los siguientes consejos podrás potenciar el desarrollo lingüístico de tu hijo desde los doce hasta los veinticuatro meses:

☐ *Dale opciones.* Por ejemplo, si tu hijo señala el armario lloriqueando puede que tenga problemas para recordar cómo se llama lo que quiere. Pero si le preguntas «¿Quieres una galleta o chocolate?» es probable que se sienta menos frustrado y elija una opción. Además, de este modo aprenderá a expresar sus opiniones y preferencias.

☐ *Enséñale nombres, conceptos y acciones verbales animándole a que te ayude en las tareas domésticas.* Dale juguetes similares a los utensilios que emplees tú y deja que te imite mientras barres, pasas la aspiradora o riegas las plantas. Mientras hagas las tareas habla de lo que vayas a hacer en cada momento: «Primero llenamos el cubo de agua y luego metemos en el agua la fregona» o «Ahora las plantas están secas, pero después de regarlas estarán húmedas».

☐ *Ayúdale a expresar con palabras lo que siente.* Anímale a decirte cómo se siente y por qué. Por ejemplo puedes decirle: «Sé que estás triste porque hoy no podemos ir al parque».

❐ *Ayúdale a aprender palabras.* Cuando le leas un cuento dile que señale un animal o un objeto cada vez que lo nombres. También puedes decirle que señale categorías de palabras, por ejemplo «animales» o «cosas de comer».

❐ *Ayúdale a completar sus ideas con palabras y gestos.* Por ejemplo, si señala un conejo y pregunta «¿Qué es eso?» dile «Es un conejo blanco y negro. Mira cómo salta. Vamos a saltar como un conejo». Con este método, además de responder a su pregunta desarrollarás la idea de lo que es un conejo.

En los capítulos 5 al 8 encontrarás actividades adicionales para ayudar a tu hijo a desarrollar sus capacidades lingüísticas y otras habilidades.

AUTÉNTICA COMUNICACIÓN

Entre los dos y los tres años los niños aprenden por fin a comunicarse en el sentido estricto de la palabra. Una vez más, en esta sección se incluye una lista de consejos y juguetes para potenciar el desarrollo lingüístico durante este periodo.

De dos a tres años

Con dos años y medio la mayoría de los niños entiende unas 800 palabras, y por lo general usa frases de 4 o 5 palabras para expresar sus deseos, sentimientos y necesidades. También comprenden instrucciones del tipo «Pon el juguete en la caja», «Ponte el gorro en la cabeza» y «Pon los zapatos en el zapatero».

A los niños de dos años y medio les encanta hacer preguntas. Sus favoritas son «¿Dónde está...?», «¿Quién es...?» y «¿Qué es...?». También les gusta responder a preguntas como «¿Dónde vas?» o «¿Qué estás haciendo?». Pueden seguir instrucciones del tipo «Coge la pelota y dámela» y «Dile a papá que coja tu jersey». Les encanta escuchar cuentos, e incluso son capaces de recordar partes que han oído previamente.

Con tres años sus diálogos son mucho más sofisticados, porque saben construir frases con sujeto, verbo y objeto. Ahora en lugar de hablar con fragmentos («Más leche») utilizan frases completas («Quiero más leche»). Y se refieren a sí mismos como «yo» o «mí». Pero siguen cometiendo errores porque no comprenden todas las normas gramaticales. Por ejemplo, si dicen «he comido» creen que también pueden decir «he ponido».

Consejos y juguetes para potenciar la capacidad de expresión de dos a tres años

Con los siguientes consejos podrás potenciar el desarrollo lingüístico de tu hijo entre los dos y los tres años:

❏ *Enséñale a escuchar con atención.* Cuando le des instrucciones o hables con él evita todo tipo de distracciones. Antes de empezar a hablar atrae su atención, por ejemplo diciendo su nombre, y espera a que te esté mirando. Cuando le leas un cuento haz pausas y plantéale preguntas sencillas, como «¿Adónde ha ido el niño?» o «¿Cuándo van a comer el pastel?».

❏ *Ayúdale a comprender y expresar conceptos básicos.* Los niños aprenden los colores, los números, los tamaños y los conceptos espaciales jugando, moviéndose y escuchando a los demás. Éstas son algunas de las actividades que puedes poner en práctica:

• Para enseñarle los colores, dile que seleccione o empareje bloques de Lego. Por ejemplo puedes decirle «Busca otro bloque como éste» o «Dame un bloque azul» o preguntarle «¿De qué color es éste?».

- Para enseñarle los números, primero dile que te dé una cosa. Cuando entienda lo que quiere decir «uno» pídele cada vez más objetos. Dile que cuente las partes del cuerpo, los muñecos de peluche o los coches que pasen por la calle. Comienza a contar para que él diga el siguiente número: «Uno, dos...».
- Para enseñarle los tamaños, traza en un papel líneas cortas y largas o círculos grandes y pequeños. Haz bolas grandes y pequeñas de plastilina. Habla de las cosas refiriéndote a su tamaño: «Los elefantes tienen la trompa muy larga. Los conejos tienen las patas cortas». Dile que identifique cosas de diferente tamaño: «Busca la cuerda larga» o «¿Dónde están tus pantalones cortos?».
- Para enseñarle conceptos espaciales, dile por ejemplo que entre y salga de una caja grande, que camine alrededor y que se meta debajo de ella. Haz pompas de jabón y habla de las que caigan delante o detrás de ti, cerca o lejos, en la esquina o en el centro del jardín. Habla de las burbujas altas y bajas.

❐ *Ayúdale a desarrollar la memoria.* Enseña a tu hijo una rima, una poesía corta o una canción. Repítela varias veces y luego omite la última palabra para que él la diga. Elimina cada vez más palabras hasta omitir versos completos. Muy pronto será capaz de recitar todo el poema. Este ejercicio es también excelente para aprender a pronunciar sonidos.

❐ *Refuerza los conceptos y las palabras que aprenda.* Cuando aprenda una palabra o concepto de un cuento, refuérzalo en su entorno natural. Por ejemplo, después de leer *Hansel y Gretel* dile que se fije en la pastelería la próxima vez que le lleves de compras. Enséñale los diferentes tipos de dulces y pasteles y compara su forma y su tamaño.

❑ *Corrígele «modelando» las respuestas correctas.* Si tu hijo dice algo mal, en lugar de pedirle que lo vuelva a repetir dile cómo se dice correctamente haciendo hincapié en la palabra o el sonido con el que tenga problemas. Por ejemplo, si dice «Voy a la pistina» respóndele «Sí, vas a la piscina» procurando alargar la «c». Para darle más énfasis puedes señalarte los labios y la lengua. Por otro lado ten en cuenta lo que diga correctamente. Piensa en todo lo que ha aprendido en muy poco tiempo. Si tiene la impresión de que no habla bien puede sentirse frustrado y dejar de hablar.

Si no entiendes lo que dice intenta sonreír y captar al menos una palabra. Utiliza esa palabra para hacerle una pregunta o dile que te enseñe de qué está hablando. Si se siente frustrado, reconfórtale con unas palmaditas o un abrazo y dile: «No pasa nada. Si me lo dices otra vez lo entenderé». (Para más información sobre métodos para enseñar a los niños a pronunciar mejor, véase «Formas de estimular la articulación de sonidos» en la página 119.)

❑ *Responde a sus preguntas y hazle preguntas fáciles de responder.* Tu hijo necesita hacer preguntas para comprender cómo funciona el mundo. Al respondérselas le dirás lo que quiere saber y le animarás a hacer más preguntas para aprender más cosas. Cuando le preguntes algo procura darle opciones limitadas, porque las preguntas abiertas le resultarán aún difíciles. Por ejemplo, en vez de preguntarle «Qué has hecho en casa de la abuela». dile «¿Has pintado un dibujo en casa de la abuela?» Después puedes ampliar este tema preguntándole «¿Cuándo lo vas a traer?» o «¿Qué has hecho después de pintar?».

❑ *Anímale a hacer simulaciones.* Cuando tu hijo empuja una caja por el suelo y dice «Brum» está simulando que la caja es un coche. Esto indica que comprende el valor de los

Formas de estimular la articulación de sonidos

Pon en práctica las siguientes actividades para enseñar a tu hijo a pronunciar todos los sonidos. Cuando articules un sonido problemático ponlo de relieve alargándolo o diciéndolo en voz más alta.

/b/ Juega con barquitos. Da patadas a un balón.

/c/ Come cerezas y ciruelas. Busca fotos de cigüeñas y cebras.

/ch/ Juega al tren chuchú. Come churros con chocolate.

/d/ Haz dibujos. Juega con un dado, un diábolo o un dinosaurio de juguete.

/f/ Juega con un balón de fútbol. Organiza una fiesta.

/g/ Maúlla como un gato. Juega con un globo.

/j/ Dibuja una jirafa o un jilguero en una jaula.

/k/ Busca fotos de cocodrilos y culebras. Juega con una carretilla.

/l/ Canta «la-la-la» con una de tus melodías favoritas. Ruge como un león.

/ll/ Juega con llaves. Llena un cubo de agua de lluvia.

/m/ Come algo que te guste y di «Mmm». Mira fotografías de mamá.

/n/ Habla de narices. Haz nudos con una cuerda. Plantea a tu hijo preguntas para que responda con un «no», por ejemplo «¿Eres un elefante?».

/ñ/ Haz «ñam-ñam» cuando comas. Habla de niños.

/p/ Haz pompas de jabón. Juega con un pato de goma. Mira fotografías de papá.

/r/ Haz rodar una rueda. Juega con un coche de carreras.

/s/ Silba como una serpiente. Hazle a tu hijo preguntas para que responda con un «sí», por ejemplo «¿Estás ahí?».

/t/ Juega con un reloj de juguete y di «tictac». Habla por teléfono.

/y/ Juega con un yoyó. Come un yogur. Haz yudo.

símbolos, o que una cosa se puede sustituir por otra. Esta capacidad le ayudará a entender las letras y los números, que también son símbolos.

Por otra parte, los juegos de simulación ayudan a los niños a desarrollar su capacidad verbal. Cuando tu hijo habla por su teléfono de juguete o con sus muñecos está practicando su capacidad de expresión. Utiliza palabras para representar sus fantasías. A veces, mediante la simulación, los niños también aprenden a resolver problemas. Los expertos afirman que la capacidad que tenemos como adultos para pensar con lógica y buscar soluciones comenzamos a desarrollarla en la infancia con los juegos. Si tu hijo te pide que participes en un juego de simulación, acepta el papel que te ofrezca. Por ejemplo, si te dice que es un perro dale un hueso de mentira.

En los capítulos 5 al 8 encontrarás actividades adicionales para ayudar a tu hijo a desarrollar sus capacidades lingüísticas y otras habilidades.

Tu hijo ha estado aprendiendo a comunicarse desde que nació. Al responder a estos primeros intentos de comunicación le has dado una razón para comunicarse demostrándole que con las palabras se pueden conseguir unos resultados extraordinarios. Como hemos comprobado en este capítulo, durante los tres primeros años los niños hacen grandes progresos para comprender lo que les dicen y expresar sus deseos y necesidades.

En el siguiente capítulo hablaremos de algunos problemas de comunicación y de lo que puedes hacer si ves que tu hijo desarrolla su capacidad verbal a un ritmo más lento que los niños de su edad.

Capítulo 10

Problemas de comunicación

Tu hijo es un ser único y especial. Sólo cuando esté preparado se dará la vuelta, cruzará a gatas el salón, dará el primer paso o dirá la primera palabra. Cada niño desarrolla las capacidades lingüísticas y sociales y la coordinación muscular a su propio ritmo, pero la mayoría lo hace dentro de unos límites normales y aprende a hablar sin demasiado esfuerzo. Por eso a los padres, e incluso a los profesionales, les desconcierta que algunos niños no comiencen a hablar en un periodo de tiempo razonable. Muchos padres se culpan a sí mismos cuando comparan el desarrollo lingüístico de sus hijos con el de sus sobrinos u otros niños del barrio. Y esto puede crear una presión innecesaria para el niño y para todos los miembros de la familia.

Nancy, madre de Josh, de dieciocho meses, dice que le aterra ir a las comidas familiares, porque su sobrina, que tiene diecisiete meses, dice ya frases de dos palabras, mientras que su hijo sólo sabe algunas palabras y se comunica con señales y gruñidos. Su marido suele preguntarle: «¿Por qué no habla si estás todo el día en casa con él?». Este tipo de conflictos domésticos son bastante comunes.

Los padres de los niños que forman frases completas con dos

años suelen suponer que sus hijos son muy inteligentes, mientras que los padres de los que sólo dicen algunas palabras con la misma edad tienden a preocuparse. En el desarrollo del lenguaje oral influyen muchos factores. Además, no hay ninguna prueba que indique que los niños que comienzan a hablar pronto son más inteligentes que los que lo hacen con cierto retraso.

En el capítulo anterior hemos analizado las etapas de desarrollo lingüístico. Como padre te resultará útil saber qué puedes esperar de tu hijo en cada periodo y comprender que los niños entienden muchas palabras antes de decirlas. En este capítulo hablaremos de algunas razones por las que los niños se desvían de la «norma» y de lo que puedes hacer si tienes alguna duda respecto al desarrollo de tu hijo.

Desarrollo «normal»

La doctora Catherine Snow afirma que entre los dos y los tres años lo que se considera normal es muy variable. Los datos de sus estudios indican que hay niños de dos años con vocabularios de 2.000 palabras y niños de tres años con vocabularios de tan sólo 150 palabras.

Para comprender el desarrollo, los profesionales estudian cómo y cuándo adquieren los niños las capacidades lingüísticas. En el «cómo» no hay mucha variación, porque tienden a desarrollar estas capacidades siguiendo un orden determinado. Por ejemplo, suelen tener unas 50 palabras en su vocabulario expresivo antes de comenzar a unirlas. Sin embargo, el «cuándo» puede variar en gran medida. Ni siquiera los expertos coinciden siempre en lo que es «normal».

Los niños suelen desarrollar el lenguaje a un ritmo más rápido o más lento de lo esperado, porque en el proceso de aprendizaje influyen muchos factores. Puesto que hay un margen muy amplio en lo que se considera «normal», los niños que no se ajustan a las pautas establecidas no tienen por qué ir necesariamente retrasados; puede que sigan su propio ritmo. Sin embargo, la capacidad de comprensión y expresión deberían evolucionar de una manera constante. Si un niño deja de hablar de repente o es incapaz de aprender palabras nuevas hay motivos para preocuparse.

También debemos tener en cuenta que el lenguaje no es lo mismo que el habla. Un niño con un retraso del lenguaje puede ser capaz de pronunciar todos los sonidos con claridad, aunque no diga muchas palabras o no entienda lo que le dicen. Y un niño con un problema de habla puede comprender y utilizar palabras y frases, aunque no pronuncie los sonidos correctamente. Como la gente tiene dificultades para comprender a este niño, puede suponer que sabe menos de lo que en realidad sabe. Naomi S. Baron, profesora de lingüística de la American University de Washington DC, señala que los niños que tienen problemas de habla pueden usar el mismo sonido para referirse a varias cosas diferentes. Por ejemplo pueden decir «ma» en lugar de «mano», «mamá» y «más». Aunque comprendan lo que significan estas palabras son incapaces de utilizar la lengua y los labios para articular los sonidos correctos. No obstante sus padres les entienden, porque hacen gestos para indicar a qué objeto se refieren. Según la profesora Baron, si un niño dice «ma» para aludir a tres cosas diferentes, ese sonido equivale a tres palabras distintas.

Para evaluar el desarrollo lingüístico de tu hijo puedes utilizar las siguientes preguntas a modo de guía:

☐ ¿Gira la cabeza al oír mi voz y otros sonidos con tres meses?

☐ ¿Imita sonidos y los utiliza para llamar la atención con ocho meses?

❑   ¿Mira a la gente que le habla e intenta comunicarse entre los ocho y los doce meses?

❑   ¿Utiliza una gran variedad de sonidos en sus balbuceos entre los doce y los quince meses? ¿Dice una o dos palabras con sentido? ¿Sigue instrucciones básicas, como «Mira ese perro», y comprende preguntas sencillas, como «¿Quieres más zumo?».

❑   ¿Emplea al menos diez palabras con dieciocho meses?

❑   ¿Sigue instrucciones sencillas, como «Coge el balón», entre los dieciocho y los veinticuatro meses?

❑   ¿Tiene un vocabulario de cincuenta palabras o aproximaciones de palabras, como «aba» por «agua», y comienza a unir dos palabras con dos años? ¿Hace preguntas sencillas y responde a preguntas sencillas con un «sí» o un «no»?

❑   ¿Entiende conversaciones e historias sencillas y une tres palabras con dos años y medio?

❑   ¿Hace y responde a preguntas introducidas por «dónde», «qué» y «quién» con tres años? ¿Inicia conversaciones? ¿Utiliza frases de cuatro palabras para hablar y pedir cosas? ¿Sigue instrucciones complejas como «Coge el muñeco y ponlo en la caja»?

La mayoría de los expertos coincide en señalar que si un niño no cumple las condiciones mencionadas anteriormente en un periodo de tiempo razonable puede tener algún problema.

AYUDA PROFESIONAL

Muchas veces, los padres de los niños que tardan en hablar no se deciden a buscar ayuda profesional y justifican el asunto diciendo: «Entiende todo lo que le decimos», «Ya madurará» o

«Es un chico». Estas suposiciones pueden ser ciertas en algunos casos, pero no en todos. Los padres no deberían confiar en conjeturas o en el hecho de que algunos niños comienzan a hablar más tarde. Un gran número de expertos opina que los niños de entre doce y dieciocho meses que muestren algún tipo de retraso deberían acudir a un profesional, porque aunque parezca que simplemente van a un ritmo más lento pueden tener un problema más grave de habla o de lenguaje. Además, los niños que se sienten frustrados porque les cuesta hablar pueden acabar desarrollando problemas de conducta.

¿Cómo puedes saber si lo que le ocurre a tu hijo es simplemente que va a un ritmo más lento? Algunos investigadores han constatado que si un niño comprende lo que debería comprender a su edad, utiliza muchos gestos para distintos propósitos y aprende cosas nuevas todos los meses puede estar desarrollando el lenguaje a su propio ritmo. Sin embargo, si ese retraso continúa durante el tercer año, hay menos posibilidades de que lo supere y se ponga al día. Además, las niñas que comienzan a hablar tarde parecen tener menos posibilidades de recuperación espontánea que los varones. Los niños que desarrollan el lenguaje con retraso pueden presentar también algunas de las siguientes características:

- ❏ Muestran poco interés en mirar, señalar y participar en los juegos.
- ❏ Se quedan sentados y esperan a que otros niños o adultos les incluyan en sus actividades. A veces parece que no se dan cuenta de que hay gente a su alrededor.
- ❏ Van a su aire y no les gusta seguir el ritmo de nadie.

Si crees que tu hijo tiene problemas para aprender a hablar, hay una serie de actividades que puedes poner en práctica para potenciar su desarrollo lingüístico. (En los capítulos 4 al 9 encontrarás ejemplos de estas actividades.) Por otra parte puedes llevarle a un logopeda. Los expertos en logopedia están formados para evaluar y tratar a niños y adultos con problemas de habla o lenguaje. En el caso de los niños, realizan unos tests para medir su capacidad de comprensión (lenguaje receptivo) y de expresión (lenguaje expresivo). También tienen en cuenta cómo hablan en diferentes situaciones y determinan a qué se puede deber el retraso. Con esta información pueden proponer sugerencias para estimular el desarrollo del lenguaje o recomendar la terapia más adecuada. Si llevas a tu hijo a un logopeda te quedarás más tranquilo en el caso de que te diga que su desarrollo es normal, o podrás proporcionarle la ayuda que necesita para evitar problemas de aprendizaje y/o comportamiento en el futuro.

¿QUÉ ES UN LOGOPEDA?

Es un profesional que está capacitado para diagnosticar y tratar una serie de trastornos que interfieren en la capacidad de una persona para comunicarse de un modo eficaz. Tratan tanto a niños como a adultos. Cuando elijas un logopeda comprueba si está debidamente cualificado y si tiene los permisos necesarios para ejercer su profesión.

Cuando hables con un logopeda, plantéale las siguientes preguntas:

☐   ¿Con qué grupos de edad trabaja?

☐   ¿Está especializado en un campo específico, por ejemplo en trastornos de lenguaje, habla o audición?

BANDERAS ROJAS

Aunque siguen teniendo algunas dudas, ahora los profesionales comprenden mejor por qué algunos niños no desarrollan las capacidades lingüísticas a la misma velocidad que otros. Éstas son algunas de las posibles causas:

☐ Nacer «con riesgo» o con un trastorno subyacente.

☐ Tener antecedentes familiares de problemas de habla o lenguaje.

☐ Ser varón.

☐ Tener más interés por las actividades físicas que por el lenguaje.

☐ Tener hermanos mayores.

☐ Tener infecciones de oído con frecuencia.

☐ ¿Cuándo puede ver a mi hijo para hacerle una valoración?

☐ Una vez que haga el diagnóstico, ¿cuánto tendremos que esperar para que inicie un tratamiento en caso de que sea necesario?

☐ ¿Necesitamos referencias de un médico u otro profesional?

☐ ¿Puede decirme cuánto tiempo durará el tratamiento?

☐ ¿Cuánto cobra por las pruebas de valoración y por la terapia?

☐ ¿Acepta algún seguro? ¿Cubre mi seguro la valoración y el tratamiento?

☐ Si no puede tratar a mi hijo, ¿puede recomendarme a otra persona?

❐ Tener un retraso en el desarrollo.
❐ No tener la estimulación verbal adecuada.
❐ No tener razones u oportunidades para comunicarse con otras personas.

El caso de Joey, que detallaremos a continuación, ilustra algunas de las razones por las que niños que nacen sin problemas no hablan tan bien como sus compañeros. Los niños que nacen con riesgo, o de alto riesgo, corren el peligro de experimentar un retraso considerable en su desarrollo si no se toman a tiempo las medidas adecuadas. Las banderas que aparecen en los recuadros de «Joey» indican si los factores que se describen pueden influir en su retraso. Las banderas negras indican que esos factores son posibles causas, y las blancas, que no lo son.

El caso de Joey

Joey es un niño sano y feliz de veintiún meses. Su familia está compuesta por sus padres, que trabajan fuera de casa, y su hermana Mary, que tiene treinta y ocho meses. Joey llegó a la consulta del logopeda de la mano de su padre, que llevaba al otro lado a Mary. Papá comentó orgulloso que despues de oír en el coche que iba a haber una tormenta aquella noche Mary exclamó: «No me gustan las tormentas. Me asustan».

Luego describió con cierta tristeza y de un modo confuso a Joey. Mientras que con dos años Mary utilizaba ya frases completas, Joey, a punto de cumplirlos, seguía usando muy pocas palabras para comunicarse.

«Entiende todo lo que le decimos. Sé que es inteligente, pero llama a todo «ba», incluso a su madre. Puede que nos preocupemos en exceso porque Mary comenzó a hablar pronto. En la guardería hay un niño que no aprendió a hablar hasta los tres años, y ahora que tiene cuatro habla sin ningún problema. ¿Es Joey un poco terco o es porque es un chico? No está mejorando nada. Hace meses que no aprende nada nuevo.»

Antecedentes familiares

Muchos abuelos suelen decir: «No te preocupes. Su padre empezó a hablar con tres años».

Los expertos recomiendan que se tengan en cuenta este tipo de datos, porque pueden ser importantes. Los estudios indican que algunos aspectos del desarrollo del lenguaje son hereditarios. Si un padre comenzó tarde a hablar, puede que su hijo también comience a hablar tarde.

JOEY

Los padres de Joey no comenzaron a hablar tarde.

Sexo y personalidad

Seguro que has oído muchas veces: «Es un chico. Ya madurará».

Los expertos no se ponen de acuerdo respecto a la influencia del sexo en el desarrollo lingüístico, pero la mayoría afirman que si la tiene, es menor de lo que la gente piensa. La ventaja de las chicas sobre los chicos en este aspecto es sólo de uno o dos meses. Muchos investigadores opinan que esto no se debe a que desarrollen antes el cerebro, sino al hecho de que los padres suelen hablar más a las niñas y tienen más contacto físico con los niños. Según los datos de un estudio, las madres norteamericanas, sin ningún motivo aparente, hablan más a sus hijas que a sus hijos. Además, los niños muy activos pueden desarrollar el lenguaje más tarde que sus compañeros. Los chicos, que por lo general son más activos que las chicas, suelen desarrollar primero la motricidad y luego se centran en el lenguaje. De acuerdo con la doctora Snow, por lo general las niñas comienzan a hablar antes que los niños.

JOEY

Joey es un niño muy activo. Su capacidad motriz parece estar bien desarrollada, puesto que comenzó a andar antes de cumplir un año. Le encanta jugar en la calle, y lo que más le gusta es subir al columpio del jardín.

Orden de nacimiento

En qué orden nazca un niño puede influir en su capacidad para comprender y expresar palabras. Si un niño es «hijo único», cómo es lógico tiene toda la atención de sus padres. Pero si tiene hermanos tendrá que compartir esa atención.

Naomi Baron ha comprobado que los hijos mayores hablan de diferente manera que los pequeños. Los mayores utilizan muchas palabras para designar cosas, por ejemplo «perro», «zapato» y «gorro». Captan estas palabras enseguida, las dicen con claridad y no tardan en unirlas. Sin embargo, los pequeños comienzan a hablar más tarde y no lo hacen con tanta claridad. Las primeras palabras que suelen decir no son nombres, sino expresiones que los adultos utilizan en sus relaciones sociales, como «por favor», «gracias» y «adiós».

La doctora Judith Becker Bryand señala que si los hermanos mayores hablan a los más pequeños pueden potenciar su desarrollo lingüístico. Sin embargo, los investigadores coinciden en que el hecho de que un hermano mayor hable sistemáticamente «en nombre» del pequeño puede ser negativo. Piensa en ello: Mamá no está mirando cuando Joey señala el zumo que hay en la mesa. Mary interviene para ayudar a su hermano diciendo: «Mamá, Joey quiere más zumo». Mamá le da el zumo y Joey consigue lo que quiere sin haber dicho ni una palabra.

JOEY

Joey es el segundo hijo. Su hermana mayor habla con claridad, y muchas veces transmite a sus padres o a la cuidadora lo que Joey quiere o necesita.

Otitis

En Estados Unidos se realizan 30 millones de consultas de pediatría al año por infecciones de oídos, lo cual sitúa a este trastorno en el segundo más frecuente tras el resfriado común. Alrededor de un 50 por ciento de los niños tiene al menos una infección de oídos antes de cumplir un año. La infección del oído medio se denomina en términos médicos «otitis media», y se caracteriza por la inflamación y la acumulación de líquido en esta zona del oído. La mayoría de las otitis se producen entre los cuatro meses y los tres años, cuando los niños están aprendiendo a hablar.

La trompa de Eustaquio de los niños, el conducto que une el oído medio con la garganta, es más corta que la de los adultos, y por lo tanto a las bacterias les resulta más fácil llegar ahí. Cuando el oído medio se llena de líquido los tres huesecillos que llevan las vibraciones sonoras al oído interno no pueden transmitir los sonidos tan bien como deberían. Y esto puede producir un pérdida de audición leve o moderada de carácter temporal. Por eso los niños no oyen los sonidos con claridad cuando tienen una otitis. Tápate los oídos y escucha a alguien que esté hablando. Así es como oyen las voces los niños que tienen una infección de oídos.

Si un niño tiene otitis con frecuencia puede acabar teniendo una lesión en el oído medio, que podría causar una pérdida de audición permanente. Si las infecciones de oído no se tratan, los niños pueden desarrollar problemas de habla o de lenguaje que suelen continuar en los años escolares. Incluso una pérdida de audición leve puede reducir la capacidad de comprensión y expresión. Pero si se corrigen a tiempo normalmente se pueden controlar las complicaciones.

Los síntomas, la gravedad y la duración de las infecciones de oído varían mucho. En algunos casos puede haber una acumulación de líquido que afecta a la audición sin síntomas de dolor o fiebre. A veces pasan semanas o meses hasta que los padres se dan cuenta de que el niño tiene una infección de oídos. Para determinar si tu hijo tiene una otitis, presta atención a los siguientes síntomas:

❏ *Ausencia de respuesta a los sonidos.* Puede mirarte con mucha atención o acercar tu cara a la suya cuando le hablas. Puede que no responda si le llamas desde otra habitación.

❏ *Dolor de oídos o supuración.* La supuración puede ser acuosa o mucosa.

❏ *Letargo o irritabilidad.* De repente puede quedarse aletargado o perder el interés por lo que le rodea. O puede estar más irritable que de costumbre.

☐ *Torpeza.* Puede caerse o tropezarse con las cosas con más frecuencia que de costumbre.

☐ *Fiebre, dolores de cabeza, vómitos, alteración del sueño y/o falta de apetito.* Tu hijo puede presentar uno o varios de estos síntomas.

☐ *Rascarse, frotarse o tirar de las orejas.*

☐ *Hablar menos de lo habitual.*

☐ *Mascullar o hablar con poca claridad.*

Si sospechas que tu hijo tiene una otitis llama a tu pediatra inmediatamente para que le examine y le recete la mediación adecuada. Recuerda que después del tratamiento debes llevarle de nuevo al médico para asegurarte de que ha recuperado la audición.

Por otra parte puedes tomar una serie de medidas para compensar la pérdida de audición temporal de tu hijo, por ejemplo hablándole más alto que de costumbre. Además, cuando le leas cuentos señala los dibujos de las cosas que vayas nombrando. De esta manera le darás pistas visuales y auditivas que le ayudarán a comprender mejor lo que digas.

 JOEY

Joey sólo tuvo algunas infecciones de oído entre los seis y los ocho meses. En cada caso le dieron antibióticos y su pediatra le hizo una revisión una vez finalizado el tratamiento para asegurarse de que la infección estaba bien curada.

Desarrollo continuo

Los niños hacen progresos a diario. Además de aprender nuevos métodos de comunicación también aprenden nuevas maneras de mover los músculos, de pensar y de relacionarse con la gente. Y por lo general estas capacidades se desarrollan en determinados periodos. Si un niño tiene un retraso en su desarrollo puede quedarse atrás respecto a sus compañeros en muchos aspectos:

❐ Desarrollo motriz: es la capacidad que tiene un niño para mover los músculos y controlar su cuerpo.

❐ Desarrollo cognitivo: es la capacidad que tiene un niño para pensar y comprender lo que ve, oye, prueba, toca o huele.

❐ Desarrollo social y emocional: es la capacidad que tiene un niño para controlar sus emociones y relacionarse con otras personas y con su entorno.

❐ Desarrollo lingüístico: es la capacidad que tiene un niño para comprender a los demás y expresar sus propias ideas.

Si un niño tiene un retraso en su desarrollo puede comenzar a hablar tarde y presentar problemas en cualquiera de estos aspectos. El hecho de hablar tarde no suele ser un síntoma aislado.

⚑	JOEY

El pediatra de Joey ha llegado a la conclusión de que su desarrollo es normal en todos los aspectos excepto en el lingüístico.

Estimulación verbal

Como ya hemos mencionado, los niños aprenden a hablar escuchando a sus padres y a otras personas. El desarrollo del lenguaje depende en gran medida de la estimulación del entorno. Los investigadores han comprobado que el tipo y la cantidad de palabras que oyen los niños puede acelerar o retrasar el proceso de aprendizaje. Los niños que no reciben estímulos verbales pueden desarrollar el lenguaje a un ritmo más lento.

 ## JOEY

Joey va a casa de una cuidadora cinco días a la semana, siete horas cada día. Además de cuidarle a él, esta mujer se ocupa de tres niños menores de cuatro años, entre ellos su hermana Mary. Según la madre de Joey es una persona callada y bastante pasiva. Los niños pasan mucho tiempo viendo la televisión.

Por la mañana, mientras papá y mamá se preparan para ir al trabajo, Joey suele ver un vídeo para no molestarles. Para ahorrar tiempo a papá y mamá, muchas veces le viste y le da el desayuno la cuidadora. Mientras van en el coche a su casa mamá piensa en silencio en los planes del día o habla con Mary de lo que van a hacer por la tarde.

Después de trabajar, mamá suele hacer las compras antes de recoger a Joey y a Mary. Al llegar a casa los niños juegan solos en el jardín o ven la televisión mientras ella prepara la cena y se ocupa de las tareas domésticas. Cuando papá vuelve a casa suele jugar con los niños a alguna actividad física antes de cenar. Mamá les habla mientras les baña y les prepara para ir a la cama, pero reconoce que suele estar pensando en el trabajo que se ha traído a casa para hacer cuando los niños se duerman. Joey presta atención a los cuentos unos dos minutos, y luego se pone a jugar solo mientras Mary sigue escuchando. Él no parece escuchar mientras juega.

El fin de semana mamá suele dejar a Joey en casa, echando la siesta con papá, mientras ella va con Mary al supermercado o hace otros recados.

Tratamiento y resultado

Los padres de Joey decidieron llevar a su hijo a un logopeda para que le hiciera una valoración. Fue una decisión acertada por muchas razones. Aunque sabían que iba retrasado respecto a los niños de su edad no estaban seguros de lo que debían hacer. Por otro lado, no parecía estar progresando, puesto que no aprendía palabras nuevas.

Ahora son mucho más conscientes del tiempo que pasan hablando y relacionándose con Joey. Han aprendido a utilizar sus actividades cotidianas para enseñarle a hablar. Las horas del baño, de vestirse y del desayuno se han convertido en experiencias de aprendizaje muy valiosas. Además, ahora Joey suele acompañar a su madre al supermercado y a la oficina de correos. Y su cuidadora pone en práctica los cinco métodos de estimulación del lenguaje. Está comprobando que a medida que aprende a decirle lo que quiere es más independiente y feliz.

Cada niño es único y diferente, y desarrolla sus capacidades lingüísticas cuando está preparado. Si estás preocupado por tu hijo, en lugar de hacer conjeturas sobre lo que debería hacer entérate de lo que hacen los niños «normales» en cada periodo, sin olvidar que se trata de pautas generales. Si tienes alguna duda respecto a cualquier aspecto del desarrollo de tu hijo, lo más adecuado es que consultes a un profesional. Un experto en logopedia te dirá si tiene algún problema de habla o de lenguaje. Por otra parte, deberías controlar su capacidad auditiva y llevarle al pediatra si sospechas que tiene una infección de oídos.

Si eliminas las preocupaciones innecesarias y pones los medios para corregir los problemas que pueda haber, estarás más relajado para enseñar a tu hijo a hablar y disfrutar con él.

Guión de trabajo

Piensa en una actividad que le guste a tu hijo y utiliza este guión para averiguar de qué maneras puedes poner en práctica esa actividad para potenciar su desarrollo lingüístico. Anota lo que veas, hagas y pienses mientras apliques cada método de aprendizaje.

ACTIVIDAD: ....

1. Denominación _____

....

Nombres de objetos: Categorías (grupos de objetos): ......

....

....

2. Descripción _____

Colores (rojo, azul, verde): ....

....

....

Formas (redondo, cuadrado, triangular): ....

....

....

Texturas:. . . . .
. . . .
. . . .

Cantidades:. . . . .
. . . .

3. Comparación:

Conceptos opuestos (viejo/nuevo, arriba/abajo):. . . . .
. . . .
. . . .

Tamaños (grande, más grande, el más grande):. . . . .
. . . .
. . . .

4. Explicación

Orden lógico de los sucesos (antes/después):. . . . .
. . . .

Objetos relacionados (cama/sábanas, cubo/pala):. . . . .
. . . .

Acciones verbales (correr, saltar, salpicar):
. . . .
. . . .

5. Instrucciones:

Conceptos espaciales (encima, debajo, entre):. . . . .
. . . .
. . . .

Glosario para padres

Balbuceos. Juegos «vocales»; sonidos que emiten los bebés cuando combinan una consonante y una vocal y repiten la misma sílaba una y otra vez, por ejemplo «baba» y «gaga».

Causa y efecto. Concepto según el cual toda acción tiene un resultado o consecuencia.

Cociente intelectual. Medida que expresa la capacidad de aprendizaje y rendimiento de una persona.

Comunicación. Intercambio de ideas o mensajes a través del lenguaje hablado o escrito o de otro tipo de símbolos.

Concepto. Palabra que describe una característica o idea general, como la de posición (encima, debajo), calidad (grande, viejo, frío) y cantidad (uno, más, algunos).

Consonantes. Letras cuyos sonidos articulamos interrumpiendo la salida del aire.

Desarrollo cognitivo. Capacidad que tiene un niño para pensar y comprender lo que ve, oye, prueba, toca o huele.

Desarrollo lingüístico. Capacidad que tiene un niño para comprender a los demás y expresar sus propias ideas.

Desarrrollo motriz. Capacidad que tiene un niño para mover los músculos y controlar su cuerpo.

Desarrollo normal. Pautas que, de acuerdo con los expertos, sigue la mayoría de los niños en cada periodo.

Desarrollo social/emocional. Capacidad que tiene un niño para relacionarse con otras personas y con su entorno.

Discriminación auditiva. Capacidad para percibir las diferencias de los sonidos.

Discriminación visual. Capacidad para reconocer las semejanzas y las diferencias de los objetos.

Discurso paralelo. Técnica que consiste en hablar en voz alta de lo que el niño ve, oye y toca en ese momento.

Expansión básica. Técnica que consiste en repetir lo que dicen los niños y añadir una o dos palabras.

Expansión complementaria. Técnica que consiste en repetir lo que dicen los niños y añadir la estructura gramatical apropiada y una o dos frases.

Finalidad. Concepto según el cual para conseguir un objetivo es necesario planificar una serie de acciones.

Generalización. Identificación de los atributos que tienen en común diferentes objetos.

Gramática. Conjunto de normas de una lengua que determinan cómo se combinan las palabras para formar frases.

Gramática universal. Normas gramaticales básicas comunes a todas las lenguas.

Habla. Sonidos que emitimos al comunicar un mensaje verbal.

Hablar consigo mismo. Técnica que consiste en hablar en voz alta de lo que uno ve, oye, siente y toca en ese momento.

Jerga. Los primeros sonidos auténticos que pronuncian los niños uniendo vocales y consonantes con un inflexión y un tono de voz reales, por ejemplo «bagada».

Juegos «vocales». Sonidos previos al habla que producen los niños cuando experimentan con su voz.

Lengua. Conjunto de símbolos que utiliza la gente para comunicarse. Pueden ser verbales, escritos o gestuales.

Lenguaje expresivo. Lenguaje que se utiliza para expresar sentimientos e ideas, responder a preguntas y narrar sucesos. Está compuesto por las palabras, el tono de voz, los gestos y la velocidad a la que hablamos.

Lenguaje receptivo. Capacidad que ponemos en práctica para comprender lo que leemos, vemos u oímos.

Lingüista. Persona especializada en lingüística.

Logopeda. Persona cualificada para diagnosticar y tratar a niños y adultos con problemas de comunicación.

«Modelar». Dar ejemplos de respuestas verbales correctas.

Neurona. Célula nerviosa del cerebro.

Oído medio. Zona del oído que transmite los sonidos, situada entre el oído externo y el interno. Está compuesto por el tímpano, tres huesecillos (el yunque, el martillo y el estribo) el nervio facial y la trompa de Eustaquio.

Otitis media. Término médico que designa la acumulación de líquido en el oído medio.

Parentese. Forma especial de hablar que utiliza la gente de todo el mundo para dirigirse a los niños pequeños. Puede incluir un tono más agudo, frases más cortas, repeticiones y sustitución de nombres por pronombres («Mamá te lo da» en lugar de «Yo te lo doy»).

Permanencia de los objetos. Concepto según el cual un objeto sigue existiendo aunque no se vea.

Retraso en el desarrollo. Situación que se produce cuando un niño desarrolla su capacidad motriz, cognitiva, lingüistica, social o emocional a un ritmo más lento del que se considera normal para su edad.

Riesgo. Situación de los niños menores de tres años que corren el peligro de experimentar un retraso considerable en su desarrollo si no se toman a tiempo las medidas adecuadas. También llamado *alto riesgo*.

Trastorno del lenguaje. Problema evidente para comprender y/o expresar pensamientos e ideas.

Trompa de Eustaquio. Conducto que une el oído medio con la garganta.

Vocabulario. Palabras que conoce una persona. El vocabulario receptivo está compuesto por las palabras que comprende, y el expresivo por las que es capaz de utilizar para expresarse.

Vocales. Letras cuyos sonidos articulamos cuando el aire pasa por la nariz y por la boca sin ninguna interrupción. Las vocales del español son «a», «e», «i», «o» y «u».

Bibliografía

Adler, Irving, y Adler, Joyce, *Language and Man*, John Day
Co., Nueva York, 1970.

America Reads Challenge: Ready Set Read for Caregivers: Early Childhood Language Activities for Children From Birth Through Age Five, Corporation for National Service, U.S. Department of Education y U.S. Department of Health and Human Services, Washington, DC, 1997.

Blank, Marion, y Marquis, M. Ann, *Directing Discourse*, Communication Skill Builders, Tucson, AZ, 1987.

Bolle, Edmund Blair, *So Much to Say*, St. Martin's Press, Nueva York, 1992.

DeFeo, Anthony B., *Parent Articles 2*, Communication Skill Builders, Tucson, AZ, 1995.

Fowler, William, *Talking From Infancy*, Brookline Books, Cambridge, MA, 1990.

Kumin, Libby, *Cómo favorecer las habilidades comunicativas de los niños con síndrome de Down: una guía para padres*, Paidós Ibérica, Barcelona, 1997.

Mohr, Merilyn, *Home Playgrounds*, Camden House Publishing, Ontario, 1987.

Schrader, Margaret, *Parent Articles*, Communication Skill Builders, Tucson, AZ, 1988.

Schwartz, Sue, y Heller Miller, Joan E., *The Language of Toys*, Woodbine House, Rockville, MD, 1988.

Swisher, Clause, *The Beginning of Language*, Green Haven Press, Inc., San Diego, CA, 1989.

Thomas, Linda, *Beginning Syntax*, Blackwell Publishers, Cambridge, MA, 1993.

Wallach, Geraldine P., y Miller, Lynda, *Language Intervention and Academic Success*, Little, Brown and Co., Boston, 1987.

Weybright, Glenn, y Rosenthal Tanzer, Jo, *Putting It Into Words*, Communication Skill Builders, Tucson, AZ, 1985.